HISTÓRIA
CONTEMPORÂNEA 2
do entreguerras à nova ordem mundial

COLEÇÃO HISTÓRIA NA UNIVERSIDADE

COORDENAÇÃO JAIME PINSKY E CARLA BASSANEZI PINSKY

ESTADOS UNIDOS *Vitor Izecksohn*
GRÉCIA E ROMA *Pedro Paulo Funari*
HISTÓRIA ANTIGA *Norberto Luiz Guarinello*
HISTÓRIA CONTEMPORÂNEA *Luís Edmundo Moraes*
HISTÓRIA CONTEMPORÂNEA 2 *Marcos Napolitano*
HISTÓRIA DA ÁFRICA *José Rivair Macedo*
HISTÓRIA DA AMÉRICA LATINA *Maria Ligia Prado* e *Gabriela Pellegrino*
HISTÓRIA DA ÁSIA *Fernando Pureza*
HISTÓRIA DO BRASIL COLÔNIA *Laima Mesgravis*
HISTÓRIA DO BRASIL CONTEMPORÂNEO *Carlos Fico*
HISTÓRIA DO BRASIL IMPÉRIO *Miriam Dolhnikoff*
HISTÓRIA DO BRASIL REPÚBLICA *Marcos Napolitano*
HISTÓRIA MEDIEVAL *Marcelo Cândido da Silva*
HISTÓRIA MODERNA *Paulo Miceli*
PRÁTICAS DE PESQUISA EM HISTÓRIA *Tania Regina de Luca*

Conselho da Coleção
Marcos Napolitano
Maria Ligia Prado
Pedro Paulo Funari

Proibida a reprodução total ou parcial em qualquer mídia
sem a autorização escrita da editora.
Os infratores estão sujeitos às penas da lei.

A Editora não é responsável pelo conteúdo deste livro.
O Autor conhece os fatos narrados, pelos quais é responsável,
assim como se responsabiliza pelos juízos emitidos.

Consulte nosso catálogo completo e últimos lançamentos em www.editoracontexto.com.br.

Marcos Napolitano

HISTÓRIA CONTEMPORÂNEA 2
do entreguerras à nova ordem mundial

Coleção
**HISTÓRIA
NA UNIVERSIDADE**

Copyright © 2020 do Autor

Todos os direitos desta edição reservados à
Editora Contexto (Editora Pinsky Ltda.)

Ilustração de capa
Lenin na usina Putilov, pintura de Issac Brodsky

Montagem de capa e diagramação
Gustavo S. Vilas Boas

Coordenação de textos
Carla Bassanezi Pinsky

Preparação de textos
Lilian Aquino

Revisão
Ana Paula Luccisano

Dados Internacionais de Catalogação na Publicação (CIP)
Andreia de Almeida CRB-8/7889

Napolitano, Marcos
História contemporânea 2 : do entreguerras à nova ordem
mundial / Marcos Napolitano. 1. ed., 3ª reimpressão. –
São Paulo : Contexto, 2023.
160 p. : il. (História na universidade)

Bibliografia
ISBN 978-65-5541-018-1

1. História 2. Guerra Mundial, 1914-1918
3. Guerra Mundial, 1939-1945 4. Europa – História
5. Crise econômica – 1929 I. Título II. Série

20-2315   CDD 909

Índice para catálogo sistemático:
1. História contemporânea

2023

EDITORA CONTEXTO
Diretor editorial: *Jaime Pinsky*

Rua Dr. José Elias, 520 – Alto da Lapa
05083-030 – São Paulo – SP
PABX: (11) 3832 5838
contato@editoracontexto.com.br
www.editoracontexto.com.br

Sumário

Introdução 9

"Viva a morte": o mundo em vertigem no entreguerras 13
    Estados Unidos e os "loucos anos 1920" 14
    A Crise de 1929 e o *New Deal* 17
    Crer, obedecer, combater: o nazifascismo 19
    Entre a utopia socialista e o terror stalinista:
        a Revolução Russa e a União Soviética 26
    Leituras complementares 35
    Sugestões de obras de ficção 35
    Sugestões de filmes de ficção e documentários 36

"Entre as ruínas, outros homens surgem":
Segunda Guerra Mundial e a reconstrução moral
e material do mundo 37
    A primeira fase da guerra na Europa:
        o avanço nazista (1939-1942) 38
    A guerra se espalha pela Europa 39

A Operação Barbarossa: a invasão da União Soviética 43

A guerra se torna efetivamente mundial 47

A resistência ao nazifascismo 49

A virada na guerra (1943-1945) 51

Uma guerra ou muitas guerras ao mesmo tempo? 56

Leituras complementares 57

Sugestões de obras de ficção e livros de memórias 58

Sugestões de filmes de ficção e documentários 58

"A era atômica": a Guerra Fria, entre o local e o global 59

Blocos econômicos e militares 63

A corrida nuclear, a corrida espacial e a Guerra Fria Cultural 66

URSS: O "degelo" e a coexistência pacífica 70

Guerra e revolução na China 75

A construção do socialismo na China 77

Leituras complementares 83

Sugestões de filmes de ficção e documentários 83

"O Terceiro Mundo vai explodir": a descolonização e a luta pela autonomia nacional 85

A descolonização e seus múltiplos fatores 85

O papel da ONU e a tentativa de uma governança internacional 87

"Batismos de sangue":
as independências da Índia e da Indochina 89

A Conferência de Bandung e o conceito de Terceiro Mundo 93

Descolonização na África 95

A Revolução Cubana 103

O Oriente Médio:
encruzilhada de tradições e tensões geopolíticas 107

Leituras complementares 112

Sugestões de obras de ficção e livros de memórias 112

Sugestões de filmes de ficção e documentários 112

"Corra, camarada, o Velho Mundo quer te pegar":
os anos 1960 e a revolução cultural da juventude 113

A prosperidade econômica após a Segunda Guerra Mundial 114

A luta por direitos civis nos Estados Unidos 117

O movimento estudantil 121

Um outro 68: as lutas antiautoritárias
na América Latina e no bloco socialista 126

A contracultura e as artes 129

Leituras complementares 132

Sugestões de obras de ficção, ensaios e biografias 132

Sugestões de filmes de ficção e documentários 132

Do "fim dos 30 gloriosos" à Terceira Revolução Industrial:
rumo à globalização 133

Os anos 1970 e a "crise das utopias" 133

Mudanças na economia mundial e "crises do petróleo" 136

A crise do Estado de Bem-Estar Social,
a revolução tecnológica e o neoliberalismo 138

A crise da União Soviética e o fim do bloco socialista 142

A Europa unificada 146

A hegemonia do neoliberalismo e o Consenso de Washington 148

Leituras complementares 155

Sugestões de filmes de ficção e documentários 155

Considerações finais 157

Introdução

No século XIX, quando a História nasceu como disciplina dotada de método e objetividade, os historiadores de então acreditavam que o estudo da história era incompatível com o estudo das sociedades contemporâneas. Assim, recomendavam que o historiador só se debruçasse sobre um fato ou processo social que tivesse ocorrido, ao menos, 50 anos antes.

No final daquele século, convencionou-se chamar de "História Contemporânea" o estudo de tudo que ocorresse depois de 1789, ou seja, depois da Revolução Francesa. A partir de então, seguindo as convenções do mundo acadêmico europeu, o estudo da história passou a ser dividido em quatro grandes especializações, segundo a cronologia: Antiga, Medieval, Moderna e Contemporânea. Ainda assim, os historiadores não gostavam de se arriscar pelos tempos vividos, só pelos tempos dos que já tinham morrido havia muitas décadas.

Essas concepções tradicionais de História foram criticadas e superadas ao longo do século XX. Vários dogmas, mitos e tabus relacionados ao trabalho historiográfico caíram por terra, como o mito da "neutralidade" da História, da "verdade absoluta" sobre um fato ocorrido que só admite uma narrativa a seu respeito, da premência do documento escrito sobre outros tipos de documentos. A divisão das especialidades historiográficas conforme grandes cronologias também foi questionada, entre outros motivos, porque os critérios de divisão "quadripartite" da História retratavam processos puramente eurocêntricos. Por exemplo, qual o sentido de enquadrar o estudo do passado de sociedades africanas ou asiáticas do século XII ou XIII nas especialidades de "História Medieval" ou "História Antiga", inicialmente delimitadas com foco no feudalismo europeu ou no eixo Grécia-Roma? Obviamente, os processos históricos globais podem até se conectar – longe de mim defender uma História autocentrada –, mas é preciso tomar cuidado para não enquadrá-los todos em cronologias e conceitos inadequados, que não se aplicam à sociedade que se quer conhecer.

Apesar de todas essas discussões, as grandes divisões da História ainda permanecem no currículo do ensino básico e superior, nos livros didáticos, na classificação das áreas de conhecimento das agências que financiam a pesquisa. Dentro dessa realidade, portanto, o que significa pensarmos hoje a "História Contemporânea"?

A expressão "História Contemporânea" traz em si uma ambiguidade: como um tema pode ser "histórico" e "contemporâneo" ao mesmo tempo? Como o historiador pode ter distanciamento suficiente para conhecer processos temporais que sinalizam para onde vamos, como sociedades nacionais conectadas internacionalmente? É possível ao historiador compreender como estamos utilizando nosso passado comum, como legado e memória? Até onde pode ir o conhecimento do "contemporâneo" em uma área de pesquisa que necessita de fontes primárias organizadas em arquivos acessíveis ao público, algo que precisa de algum tempo para ocorrer? Qual a diferença entre a análise do historiador e a dos sociólogos e cientistas políticos dedicados a analisar conjunturas recentes? Quando se é um historiador especializado em História Contemporânea, todas essas questões devem ser levadas em conta.

A partir dos anos 1970, a própria cronologia de "História Contemporânea" foi fracionada, passando a incluir a "História do Tempo Presente" e a "História Imediata". O primeiro termo indica o estudo de processos nos quais os personagens ainda estão vivos, e as memórias dos acontecimentos ainda em disputa acirrada, interferindo no debate social e político. A "História Imediata", por sua vez, remete ao processo de construção do fato histórico em meio à crônica e a fatos jornalísticos ainda mais recentes.

Neste livro, o leitor encontrará essas três dimensões da História Contemporânea.

Iniciamos com os processos e eventos ocorridos a partir dos anos 1920; alguns com interpretações historiográficas consagradas, arquivos estabelecidos, debates consolidados, outros com questões ainda em aberto. Após a Segunda Guerra Mundial, a humanidade presenciou a destruição moral e material de um mundo e o nascimento de outro, pleno de promessas de paz e felicidade geral para os povos.

Seguimos com a "História do Tempo Presente", que ocupa boa parte do livro, focando os processos vividos a partir dos anos 1960 e 1970, estudados pelos historiadores só mais recentemente.

Finalmente, nas "Considerações finais", o leitor poderá tomar contato com um ensaio pessoal do autor sobre a "História Imediata", analisando os processos ainda abertos deste início de século XXI, pensados até agora, sobretudo, por outras áreas do conhecimento, como a Sociologia, a Geografia, a Antropologia e a Economia. A cronologia deste livro, portanto, vai dos anos 1920 ao fim da segunda década do século XXI.

O objetivo principal é apresentar ao leitor não apenas a "era dos extremos", como o historiador Eric Hobsbawm chamou o século XX, mas também a "era das incertezas", como este início do século XXI está sendo chamado. Os "extremos" do século XX são conhecidos pela historiografia: crise econômica dos anos 1930, guerras mundiais, genocídios, miséria, terror nuclear, por um lado. Avanço tecnológico sem precedentes, conquistas democráticas em várias localidades do mundo, maior igualdade de gênero e racial, melhoria do padrão de vida geral, por outro. As "incertezas" da era atual não são apenas resultado das dificuldades de conhecer historicamente o tempo em que estamos vivendo. Mas, sobretudo, das quebras de consensos, valores e paradigmas de organização das políticas nacionais e internacionais que foram construídas após a Segunda Guerra Mundial, mesmo no interior dos países mais ricos e influentes do mundo. O recrudescimento de nacionalismos, xenofobias, racismos, fundamentalismos religiosos é um exemplo dessas rupturas.

Uma das marcas centrais da História Contemporânea é analisar processos nacionais sempre conectados a processos globais, de maneira progressivamente mais rápida, intensa e complexa. Nesse sentido, aqui ela se ocupa também em refletir sobre o Brasil em todos esses processos históricos, considerando essa reflexão algo fundamental para conhecer e superar nossos impasses atuais. Somos um país que busca ansiosamente um futuro de prosperidade, quase sempre calcado em modelos de sociedade importados, mas ao mesmo tempo preso a arcaísmos e conservadorismos locais, herdados de um passado nem sempre glorioso, marcado, por exemplo, pela escravidão e por autoritarismos de diversos matizes. Tanto em uma, como em outra direção, estamos conectados aos processos da História Contemporânea global. Tivemos nosso liberalismo peculiar, nosso republicanismo tardio, nossos fascismos, sofremos os efeitos das crises econômicas internacionais, nos envolvemos nas guerras mundiais, sonhamos com "a revolução" e "a afirmação da identidade nacional", amargamos ditaduras, lutamos por democracia, flertamos com a globalização. Neste início do século XXI, estamos igualmente mergulhados em incertezas políticas e conflitos ideológicos que marcam a conjuntura mundial. Assim, conhecer a História Contemporânea é também conhecer a História do Brasil, seus projetos, conquistas e fracassos em meio aos conflitos sociais e políticos que caracterizam outras sociedades do mundo.

"Viva a morte": o mundo em vertigem no entreguerras

Em outubro de 1936, no começo da Guerra Civil Espanhola, em um evento que inaugurava o ano letivo na Universidade de Salamanca, um grito ecoou da plateia interrompendo o discurso do reitor, Miguel de Unamuno: "Viva a morte!". Era o grito de guerra da Falange, partido de extrema direita que apoiava o levante militar contra a República espanhola formado por socialistas, comunistas e liberais.

"Viva a morte" pode ser tomada como a síntese daqueles tempos, que mais tarde foram chamados pelos historiadores de "entreguerras". Apesar das esperanças de uma paz duradoura após o fim de Primeira Guerra Mundial, boa parte do mundo logo se viu envolvida pela polarização ideológica entre extrema direita e extrema esquerda, pelos efeitos sociais e econômicos da Crise de 1929, pelo ódio racial, pela ascensão do nazifascismo e pela corrida armamentista que iria desembocar na Segunda

14 HISTÓRIA CONTEMPORÂNEA 2

Guerra Mundial. A frágil "Sociedade das Nações", criada depois da Primeira Guerra Mundial, não teve força diplomática suficiente para evitar um novo e mais terrível conflito internacional, pois não conteve a escalada de agressões das potências nazifascistas, Itália e Alemanha, contra territórios por elas reivindicados na Europa e na África.

O liberalismo herdado do século XIX, e seus ideais de livre-iniciativa e liberdades individuais, passou a ser visto por muitos não apenas como o responsável pela miséria e pelo desemprego, mas como incapaz de superar a crise mundial. À direita e à esquerda, fascistas e comunistas criticavam então os modelos liberais de organização da economia e da sociedade, mobilizando as massas por uma "Nova Ordem", a ser construída a ferro e fogo: um mundo antigo morreria, para dar lugar a uma nova sociedade.

Um dos maiores especialistas no período, o historiador Ian Kershaw, resumiu a combinação de fatores que levariam o mundo novamente à catástrofe da guerra: a) o surgimento de nacionalismos etnorracistas; b) as exigências de expansão territorial e revisão das fronteiras precariamente definidas no fim da Primeira Guerra Mundial; c) a agudização do conflito de classes, estimulado pelo sucesso da Revolução Russa de 1917, que inspirou o movimento operário de diversos países a seguir seu modelo de ruptura com o capitalismo; d) uma longa e grave crise do capitalismo, que muitos analistas pensavam ser insuperável.

ESTADOS UNIDOS E OS "LOUCOS ANOS 1920"

Os Estados Unidos da América, potência em expansão desde o fim do século XIX, entraram tardiamente na Primeira Guerra Mundial, ao lado da Inglaterra e da França, contra a Alemanha, tiveram poucas baixas ou perdas materiais e puderam, após o conflito, fincar seus interesses em solo europeu, além de expandir seus negócios na Ásia e na América Latina. Essa história de sucesso deu início ao chamado "século americano".

Na década de 1920, a economia estadunidense estava crescendo como nunca, com as classes médias e as elites se aproveitando da grande festa do consumo, da alta produtividade propiciada pelo modelo fordista da linha de montagem industrial e da liberalização dos costumes na sociedade afluente. Nunca a promessa de felicidade, pensada como um Direito Natural desde a época da Declaração de Independência das Treze Colônias, esteve tão perto de se materializar. Sua realização parecia ser o *american way of life* (estilo de vida americano) sintetizado por alguns valores – liberdade individual, modernização dos costumes, progresso material, consumismo –, garantidos por uma ordem liberal-democrática. Embora fosse uma referência cultural, só podia ser vivido na prática por uma minoria da população.

Nessa América em festa, de *playboys* excêntricos e mulheres modernas, agitadas, de vestidos e cabelos curtos (as *flappers,* "melindrosas"), contudo, havia um lado B, ou melhor, muitos "lados B".

Nas grandes cidades industriais, os operários se organizavam para lutar por melhores salários e condições de vida, sofrendo forte repressão policial e jurídica. No combativo movimento operário norte-americano, os anarcossindicalistas se destacavam. Não por acaso, o famoso julgamento de dois imigrantes italianos anarquistas, Nicola Sacco e Bartolomeo Vanzetti, foi altamente simbólico da onda de repressão ao movimento operário, sinalizando como os anarquistas deveriam ser tratados pelos defensores da ordem. Mesmo sem provas contundentes, ambos foram presos em 1921, acusados de assalto e homicídio, sendo julgados e executados na cadeira elétrica em 1927. Uma intensa campanha internacional tentara impedir a execução dos dois militantes, mobilizando trabalhadores e intelectuais, mas a Justiça norte-americana foi surda a todos os apelos.

A Lei Seca de 1918, aprovada pelo Congresso dos EUA, também mirava o controle do comportamento dos operários, tentando disciplinar o mundo do trabalho. O álcool era apresentado pelos moralistas de plantão como a causa da miséria operária, quando na verdade era uma das suas consequências. A proibição da comercialização legal de álcool não impediu, contudo, o consumo, estimulando o contrabando e a fabricação clandestina de bebidas alcoólicas. Organizações criminosas de Chicago e Nova York, sobretudo, passaram a controlar esse negócio ilegal, mantido à base de mercado negro e corrupção de policiais e políticos. A seu modo, os mafiosos eram uma espécie de subproduto da "terra de oportunidades" que os Estados Unidos prometiam ser, manifestando o lado delinquente da lógica capitalista. O controle mafioso do comércio clandestino de bebidas, da prostituição, do jogo, de sindicatos de trabalhadores e de serviços públicos (como a coleta de lixo) fez grandes fortunas na América dos anos 1920.

Não bastassem a tensão entre as classes sociais e a alta do crime organizado, a América dos anos 1920 tinha feridas ainda mais terríveis: o racismo e o *apartheid* (separação) racial entre brancos e negros. Se nas cidades industriais do Norte os negros viviam em guetos separados do restante da população, a realidade era ainda pior (com a existência de leis que chancelavam a discriminação) nos estados do Sul, ainda ressentidos com a derrota na Guerra Civil Americana (1861-1865) e o fim da escravidão no país. Na

HISTÓRIA CONTEMPORÂNEA 2

década de 1920, o grupo racista Ku Klux Klan (KKK), criado após a Guerra Civil no estado do Tennessee, tornou-se uma organização política de grande influência não apenas regional, mas também nacional. Nas cidades do chamado *Deep South* ("Sul Profundo"), a KKK mandava e desmandava, promovendo inclusive linchamentos contra negros, verdadeiros rituais macabros de diversão para a população racista branca. O ódio propagado pela KKK não era apenas contra os negros, embora eles fossem suas maiores vítimas, mas também contra judeus, católicos e latinos. Seus militantes defendiam uma "América" exclusivamente branca, protestante e anglo-saxã (a principal etnia colonizadora). Assim, a maior democracia do mundo também tinha sua versão de "pureza racial" e religiosa que seria uma das marcas dos totalitarismos fascistas. Em 1936, diante do horror das cenas de linchamento que eram fotografadas e registradas em jornais, Abel Meeropol, um professor judeu de Nova York, escreveu os versos depois musicados e imortalizados na voz da grande cantora de blues, Billie Holiday, sob o título "Strange Fruit":

> *As árvores do Sul estão carregadas com um estranho fruto,*
> *Sangue nas folhas e sangue na raiz,*
> *Um corpo negro balançando na brisa sulista*
> *Um estranho fruto pendurado nos álamos.*

O fundamentalismo religioso de muitos americanos na época também cerceava a liberdade de expressão e de ensino, e colocava à prova a democracia no país. Em 1925, no mesmo estado que viu nascer a KKK, um professor de Ciências do ensino médio, John Scopes, foi a julgamento por violar uma lei estadual que proibia o ensino da teoria evolucionista de Charles Darwin (que explicava a evolução humana a partir de ancestrais primatas), em nome do dogma religioso do criacionismo (que defendia a explicação bíblica para a origem da humanidade a partir de Adão e Eva). O caso teve muita visibilidade na imprensa e grande repercussão nacional, foi a julgamento, gerou intenso debate nacional, mas ainda assim o professor foi condenado a pagar uma multa de 100 dólares, um bom dinheiro à época.

Na década de 1920, entre *playboys* e melindrosas, operários revoltados, mafiosos, fundamentalistas e racistas, o capitalismo ia muito bem, ao som do jazz, a música da moda. Mas em uma quinta-feira, 24 de outubro de 1929, tudo começou a mudar a partir de Wall Street, rua que sedia a Bolsa de Valores de Nova York, termômetro do capitalismo norte-americano e mundial.

A CRISE DE 1929 E O *NEW DEAL*

As razões da quebra (*"crash"*) da Bolsa de Valores de Nova York em 1929 são muitas, mas podem ser sintetizadas em uma frase: "Todos queriam vender seus produtos, mas ninguém queria comprar". Isso fez com que as ações das empresas perdessem valor. Portanto, a maior crise da história do capitalismo não foi uma crise de escassez, mas de excesso, estimulada pela livre concorrência entre empresas privadas, sem planejamento integrado ou qualquer regulação do Estado.

Havia excesso de produção agrícola, excesso de bens industriais, excesso de ações na bolsa. A regra do capitalismo é simples: se há excesso de oferta, os preços caem, diminuindo os lucros, ou mesmo causando prejuízos em relação aos investimentos iniciais das empresas. Com o baixo salário dos operários, que em princípio garantia o lucro das indústrias mesmo que vendessem a preços baixos, não havia mercado para absorver o excesso de produtos, como automóveis, alimentos e peças de vestuário.

Além disso, na onda de prosperidade e crescimento dos anos 1920, muitos norte-americanos emprestaram dinheiro para comprar ações, fazendo com que os rendimentos aumentassem muito, mas de maneira artificial, como se fosse uma aposta em um jogo de azar. Quando a economia real começou a não mais sustentar as especulações financeiras na bolsa, dado o excesso de oferta, as ações começaram a perder valor, gerando pânico entre acionistas que logo chegaria à população em geral, pois os bancos e as empresas começaram a falir e demitir seus funcionários. A "ciranda financeira" fazia com que aqueles que perdiam dinheiro na bolsa fossem correndo aos bancos para sacar suas economias. Mas não havia dinheiro para atender a todos. Com a falência das empresas e de pessoas, os bancos não recebiam o dinheiro dos seus devedores.

Nos meses seguintes, a bolsa até se recuperou, mas em abril de 1930 houve nova queda do valor das ações, dessa vez, mais grave. Bilhões de dólares investidos foram perdidos e a quebradeira foi geral. Entre 1929 e 1932, o desemprego aumentou de 3,5% para 22% da força de trabalho, chegando a 24% em 1933. O Produto Interno Bruto estadunidense despencou entre 1929 e 1933.

A crise se espalhou pelo mundo, atingindo, sobretudo, a Europa industrializada e a América Latina exportadora de bens agrícolas e primários. Tornou-se mundial em razão da grande influência do capitalismo norte-americano na Europa empobrecida após a Primeira Guerra Mundial e da grande queda das exportações de produtos agrícolas para os EUA. A Alemanha, extremamente dependente dos dólares americanos para se reerguer, acabou sendo particularmente atingida.

Nesse momento, o capitalismo parecia estar com os dias contados, realizando as profecias de teóricos do socialismo, como Karl Marx, que ainda no século XIX previram a tendência de queda da taxa de lucro das empresas capitalistas, até a crise final do sistema.

Com a crise do capitalismo, sua contraface política, a crença na democracia liberal, parecia igualmente abalada. Socialistas, comunistas e fascistas, cada qual a seu modo, passaram a culpar os governos liberais pela crise, criticando-os por sua crença cega no livre mercado, que se desdobrava na doutrina da não intervenção na economia e nas relações muito desequilibradas entre patrões e empregados.

Mas foi nos Estados Unidos e na Inglaterra, os dois pilares do capitalismo liberal, que a doutrina liberal da não intervenção na economia capitalista foi questionada pelas próprias autoridades. Em 1933, no auge da crise social e econômica, Franklin Delano Roosevelt, do Partido Democrata, assumiu a presidência dos EUA prometendo um ousado programa de recuperação econômica e uma nova política social. Era o *New Deal*, um "novo jeito" de lidar com o capitalismo e suas crises. O novo programa era baseado nas ideias do economista britânico John Maynard Keynes, que defendia a intervenção do Estado na economia, regulando os mercados financeiros, o aumento de gastos públicos para gerar emprego e o incremento financeiro para trabalhadores, visando aumentar seu poder de compra. Os liberais mais ortodoxos não aceitavam essas propostas, chegando a acusá-las de "socialistas" e de incentivarem a inflação (emissão de dinheiro para saldar as dívidas) e o déficit público (gastos estatais maiores que as receitas dos impostos). Keynes, entretanto, rejeitava o rótulo de socialista, dizendo que cabia ao Estado apenas regular o ganho dos agentes privados e planejar os investimentos públicos, e não estatizar os meios de produção ou acabar com a propriedade privada.

O fato é que as medidas do *New Deal* deram um bom resultado, evitando o colapso econômico total e atenuando a crise do desemprego. Entre essas medidas, destacaram-se:

- Realização de obras públicas, com grandes investimentos estatais (como na área de infraestrutura de transporte e energia), criando postos de trabalho.

- Compras, pelo Estado, de mercadorias agrícolas, garantindo um preço mínimo que desse lucro aos produtores.
- Controle de preços e salários (com a criação do salário mínimo), evitando que os efeitos da livre concorrência desenfreada corroessem ambos.
- Criação das Leis de Seguridade Social, para minimizar os efeitos do desemprego (com seguro-desemprego e salário-aposentadoria, por exemplo).
- Controle do sistema bancário (crédito), estabelecendo regras para os empréstimos e garantindo os depósitos, visando à recuperação da confiança da população no sistema bancário.

Ironicamente, muitas dessas medidas consideradas "socialistas" por liberais ortodoxos e setores conservadores da sociedade norte-americana salvaram o capitalismo de sua maior crise. Contudo, os liberais, em 1937, conseguiram que a Suprema Corte dos Estados Unidos declarasse a inconstitucionalidade de muitas medidas de intervenção na economia. Entretanto, o eleitor norte-americano aprovava as medidas do governo Roosevelt, que foi reeleito três vezes, totalizando quatro mandatos sucessivos como presidente da República.

Na Europa continental – onde a democracia liberal tinha raízes mais frágeis, os setores conservadores autoritários tinham mais poder e influência e o conflito de classes era mais agudo –, a Grande Crise teve outros desdobramentos.

CRER, OBEDECER, COMBATER: O NAZIFASCISMO

Em 1939, as democracias liberais na Europa, sob forma monárquica ou republicana, estavam em baixa. Apenas a França era uma república democrática, acompanhada de monarquias parlamentares como a Inglaterra, a Holanda, a Bélgica e os países nórdicos (Suécia, Dinamarca e Noruega). O restante dos países europeus estava sob ditaduras "conservadoras" ou "dinâmicas", conforme expressão do historiador Ian Kershaw. Havia muitas semelhanças entre essas suas ditaduras: fim da independência dos Poderes, com predomínio do Poder Executivo sobre os outros, restrição das liberdades civis (direito à reunião, à expressão e à manifestação), censura aos meios de comunicação, repressão policial a movimentos sociais. A diferença básica era que as primeiras governavam apoiadas em grupos e valores tradicionais da sociedade, sem uma ideologia clara (clero, grandes proprietários, nobreza), e as segundas se apoiavam na mobilização ideológica das massas populares, ainda que também tivessem apoio dos grupos conservadores tradicionais. Entre as ditaduras autoritárias conservadoras, podemos citar Polônia (desde 1926), Portugal (1933), Espanha (1939), Grécia (1936), Hungria (1920). Entre as ditaduras "dinâmicas", a Itália de Benito Mussolini (1922) e a Alemanha de Adolf Hitler (1933). Ambos os líderes inauguraram um tipo novo de ditadura de extrema direita que ficou conhecida como "nazifascista".

O fascismo italiano cresceu da mesma maneira que o nazismo alemão, alimentando-se tanto do medo das classes médias e da elite diante da possibilidade de uma revolução comunista conduzida pelo movimento operário, quanto dos ressentimentos nacionais causados pelos resultados frustrantes da Primeira Guerra Mundial.

A Itália, mesmo tendo sido aliada dos vencedores da Primeira Guerra, foi impedida de realizar seus projetos de ampliação territorial nas fronteiras da Áustria, sua tradicional inimiga. A crise social italiana piorou ainda mais entre 1919 e 1920, com o aumento de greves e ocupações de fábricas por parte do movimento operário liderado por grupos de esquerda (socialistas, anarquistas e comunistas). Mussolini, um ex-socialista expulso do partido por defender a entrada da Itália na Primeira Guerra, acabou se transformando no principal líder nacionalista, organizando os *Fasci di Combattimento*, grupos de ex-soldados, desempregados e delinquentes, que se dedicavam a combater as esquerdas e os militantes do movimento operário. Em 1921, a partir dessa lógica de violência política e de mobilização à base de milícias, Mussolini criou o Partido Nacional Fascista.

Os fracos governos liberais que conduziram a política italiana entre 1919 e 1922 não se mostraram capazes nem de lidar com a crise social, nem com o assédio dos fascistas. Uma grande manifestação chamada de Marcha sobre Roma, em outubro de 1922, colocou os fascistas no governo. A repressão aos opositores, combinada com a retórica nacionalista, fez com que os fascistas recebessem 65% dos votos parlamentares em 1924. A partir do ano seguinte, os fascistas passaram a controlar efetivamente o Estado italiano, ainda uma monarquia sob o ponto de vista formal, moldando suas instituições e reorganizando a economia de acordo com novos preceitos. O Estado passou a controlar também os sindicatos de trabalhadores, e a *Carta del Lavoro* (Carta do Trabalho), de 1927, consolidou o modelo corporativista de administração do Estado, prevendo 22 corporações de trabalhadores e patrões divididas por áreas de produção, sob o controle do Partido Nacional Fascista e do Estado.

A palavra de ordem de Mussolini era "tudo no Estado, nada fora do Estado, nada contra o Estado", que foi teorizada por Giovanni Gentile, ministro da Educação, consagrando a expressão "Estado totalitário" como sinônimo de um poder político que procura englobar toda a vida social e individual sob uma mesma ideologia, controlada por um partido único. Mesmo a Igreja Católica, na época muito influente na política e na sociedade italianas, fez acordos com os fascistas, em nome do combate ao comunismo ateu e ao liberalismo laico. Em 1929, o papa Pio XI elogiou Mussolini, chancelando o Tratado de Latrão, que reconhecia a autonomia política do Estado do Vaticano (sob o governo do Papado) e os privilégios da religião católica no Estado italiano.

A economia italiana foi então organizada sob forte planejamento estatal, na forma de uma "autarquia", regime protecionista visando o fortalecimento da indústria nacional frente à concorrência de outros países. No quadro de crise internacional causada pela quebra da bolsa norte-americana em 1929, essa política deu resultados significativos, tornando a Itália um exemplo de crescimento econômico nacional. Ao mesmo tempo, a Itália fascista começou a se projetar como potência imperialista, sonhando em ser um "novo Império Romano". Como restavam poucos países independentes na África – continente visto pela ideologia colonialista europeia como atrasado e sem organização política legítima –, Mussolini invadiu e conquistou a Líbia e a Abissínia (Etiópia), apesar das fortes resistências dos exércitos e da população locais e da oposição de potências europeias, como a Inglaterra.

Em que pese o sucesso da política econômica e imperialista de Mussolini, o país chegou a sofrer sanções internacionais principalmente por causa da invasão da Abissínia, que era formalmente um país livre e reconhecido por outros países. Foi nesse momento que o ditador italiano se aproximou de outro ditador, Adolf Hitler. Em 1936, ambos prometeram lutar por uma Europa livre do comunismo, reconhecendo as pretensões territoriais italianas e alemãs. Se Mussolini sonhava em reconstruir o Império Romano tal como havia sido na Antiguidade, unindo o norte da África e o sul da Europa sob um mesmo império colonial, Hitler reivindicava para a Alemanha um grande território, que chamou de "espaço vital", à custa dos povos eslavos do Leste Europeu.

A ascensão de Hitler na Alemanha apresentava semelhanças com a ascensão dos fascistas na Itália. Aglutinando os mesmos tipos desocupados, ex-soldados e delinquentes, os nazistas se originaram em milícias de extrema direita que defendiam a ordem social contra os comunistas, chamadas de *freikorps* (corpos de voluntários).

Entre novembro de 1918 e janeiro de 1933, a Alemanha foi governada pelo Partido Social-Democrata, na chamada República de Weimar. A social-democracia alemã era uma esquerda moderada, criada no século XIX, que propunha uma passagem gradual para o socialismo, sem ruptura revolucionária e dentro das instituições liberal-democráticas, mantendo a pluralidade partidária e a representação parlamentar. Entretanto, contra essa política moderada, houve um levante comunista em janeiro de 1919, inspirado na Revolução Russa, liderado por Rosa Luxemburgo e Karl Liebknecht. O levante acabou derrotado com a ajuda essencial dos *freikorps*, o que causou uma grande divisão política nas esquerdas. Os comunistas nunca perdoariam a violenta repressão do levante chancelada pelo governo social-democrata, que, por sua vez, nunca mais confiaria em qualquer aliança com os comunistas.

Em 1920, surgiu o Partido Nacional-Socialista dos Trabalhadores Alemães (Partido Nazista), que apesar do nome original "socialista" não tinha elos com a tradição socialista de esquerda. Tratava-se de um partido ultranacionalista e racista de extrema direita. Os problemas causados pela crise econômica do pós-guerra e o sentimento de humilhação nacional alimentavam as fileiras nazistas. O Tratado de Versalhes, que reorganizou o mundo em 1919, por exigência da França, sobretudo, impusera pesadas indenizações de guerra à Alemanha, além de exigir o fim das forças armadas alemãs – algo considerado muito injusto pela maioria dos alemães.

Sentindo-se fortalecidos, os nazistas tentaram um golpe de Estado em 1923 que, fracassado, levou Hitler à prisão por alguns meses. Nesse período, ele sistematizou suas ideias políticas. Além de propagar o nacionalismo extremado, apoiar o imperialismo (sobretudo em direção às terras do Leste da Europa ocupado por povos eslavos) e o rearmamento da Alemanha, a doutrina nazista era uma ideologia racista que defendia uma raça pura e superior (a chamada "raça ariana") como ideal nacional. A vitória da "raça ariana" se daria com a perseguição, a escravização ou a eliminação de elementos "inferiores", sobretudo os judeus, comunidade étnico-religiosa muito grande na Alemanha e na Europa como um todo. Além de serem considerados uma "raça inferior", os judeus eram acusados de ser traidores da Alemanha, exploradores do trabalhador alemão, "internacionalistas" aliados dos capitalistas estrangeiros e dos comunistas. Além de judeus, ciganos, homossexuais, negros e deficientes físicos e mentais também foram perseguidos em nome da "superioridade ariana". De resto, Hitler fazia a defesa do Estado forte e repressor conduzido por um partido político mobilizador das massas populares, nos moldes do fascismo italiano.

As lições do golpe fracassado de 1923 fizeram com que os nazistas mudassem sua estratégia para a conquista do poder. Além de continuar lutando nas ruas contra os comunistas e agredindo líderes sindicais de esquerda, que ainda eram muito atuantes na Alemanha de Weimar, os nazistas começaram a disputar eleições. Até 1928, não passaram de 7% dos votos. Mas a Crise de 1929, que foi particularmente grave para a economia alemã, fez com que os nazistas dobrassem seus votos nas eleições parlamentares de 1930, chegando a 37% em junho de 1932. Os milhões de trabalhadores alemães desempregados culparam os liberais e o governo social-democrata pela crise, e passaram a votar na extrema direita. As divisões políticas dos liberais democratas e dentro da própria esquerda ajudaram a ascensão dos nazistas, que, no começo de 1933, obtiveram a maioria dos votos para formar o novo governo alemão. Paradoxalmente, como previra o próprio plano de Hitler, a democracia foi derrotada "por dentro", com a maioria dos cidadãos alemães elegendo um partido que defendia abertamente um Estado totalitário, racista e ditatorial.

Assim que chegaram ao poder, os nazistas sob o comando do agora chanceler ("primeiro-ministro"), Adolf Hitler, promulgaram várias "leis extraordinárias" que foram forjando um Estado policial baseado na censura e no terror contra os adversários. O incêndio do Reichstag (Parlamento Alemão), em fevereiro de 1933, atribuído a um militante comunista, mas até hoje motivo de controvérsias, foi o pretexto para uma grande onda repressiva. O decreto promulgado no dia seguinte ao incêndio acabou com a liberdade de expressão, de reunião e de imprensa, além de instaurar a violação do sigilo postal e a possibilidade de prisões sem o devido respeito à ordem jurídica, em nome da defesa do Estado. A elite política e econômica da Alemanha, que no princípio não simpatizava com Hitler e suas milícias (considerados parte de uma "ralé social"), acabou por encontrar vantagens na repressão à esquerda, esperando controlar os arroubos totalitários do nazismo no devido tempo. Essa postura, contudo, acabaria ajudando a pavimentar o caminho para um Estado terrorista, racista e chauvinista, sem precedentes na história.

Por volta de 1935, consolidado no poder, sem adversários internos com capacidade de resistência efetiva, Hitler começou a expandir sua política totalitária. No plano interno, aprofundou a política racista com as Leis de Nuremberg, que instituíam o antissemitismo como política de Estado, proibindo o convívio social, matrimonial e profissional entre judeus e alemães, na busca de fortalecer uma "raça pura alemã". O que até então era uma retórica agressiva de extremistas acompanhada de episódios de agressões de milícias nazistas contra judeus, agora tinha o apoio de um amparo legal e a cumplicidade da elite jurídica alemã.

A indústria alemã, uma das mais desenvolvidas do mundo, apreciava o discurso dos nazistas que prometia fazer com que a Alemanha voltasse a ter uma economia nacional forte e um exército poderoso. Com o apoio dos industriais, no ano seguinte, Hitler lançou as bases para o rearmamento da Alemanha, criando uma nova força armada, a Wehrmacht, gerando empregos na indústria bélica, absorvendo desempregados.

Os pomposos generais oriundos da nobreza alemã, mesmo desprezando a origem social do cabo austríaco que se tornara o Führer (chefe) da Alemanha, voltavam a se orgulhar das tradições militares alemãs, abaladas pelo Tratado de Versalhes, e vibraram com a perspectiva de ocupar postos de comando nas forças armadas renovadas. Eles também acreditaram que no futuro poderiam controlar os excessos de Hitler e dos nazistas.

Na Europa, o rearmamento alemão e as exigências territoriais de Hitler causavam muita preocupação, mas os líderes políticos das principais potências, França e Inglaterra, não queriam iniciar uma nova guerra. Além disso, os conservadores, bem como parte da elite liberal europeia, viam nos nazistas uma força importante na contenção da União Soviética – país recém-criado a partir de uma revolução socialista na Rússia – e do comunismo. Eles também acreditaram que poderiam conter Hitler no futuro, se preciso fosse.

O fato é que, ao longo da década de 1930, Hitler e os nazistas nunca foram contidos. Em 1936, a Alemanha nazista ocupou militarmente a fronteira da França, que tinha sido declarada uma "zona desmilitarizada" pelos acordos de paz que se seguiram ao fim da Primeira Guerra Mundial. No mesmo ano, os nazistas apoiaram militarmente o lado "nacionalista" na Guerra Civil Espanhola.

Em julho de 1936, militares conservadores, liderados por Francisco Franco, anunciaram que não mais obedeciam ao governo republicano espanhol implantado em 1931, depois de uma longa crise política, e se autoproclamaram "nacionalistas". Dizendo defender uma Espanha unitária, fiel ao catolicismo e às hierarquias sociais tradicionais, agrupavam monarquistas, fascistas, católicos, grandes proprietários rurais, e eram apoiados militarmente pela Itália fascista e pela Alemanha nazista. Opunham-se aos "republicanos", um conjunto heterogêneo e sem comando unificado de liberais, socialistas, comunistas e anarquistas, apoiados pela União Soviética e pelas Brigadas Internacionais, voluntários de 54 países que foram à Espanha lutar pela defesa da República. Com a vitória dos "nacionalistas", a Espanha mergulhou em uma ditadura fascista que durou 36 anos, até a morte de Franco, em 1975.

A Guerra Civil Espanhola é considerada pelos historiadores o "ensaio geral" da Segunda Guerra Mundial. Foi uma guerra de fascistas *versus* comunistas (e anarquistas), mas também de tradicionalistas católicos *versus* liberais progressistas, de partidários da democracia *versus* partidários da ditadura. Foi ainda uma guerra entre classes sociais, mas igualmente foi uma guerra dentro da esquerda, com stalinistas matando trotskistas (dentro da lógica persecutória de Josef Stalin, então líder da União Soviética) e com os anarquistas lutando contra tudo e todos. Enfim, foi uma guerra extrema, com massacres e atrocidades cometidos, entre os quais se destaca o bombardeio aéreo que arrasou a cidade de Guernica pela aviação alemã que apoiava os fascistas.

Em março 1938, a Áustria, cuja política interna fora dominada por simpatizantes do nazismo, realizou um plebiscito interno e resolveu se incorporar à Alemanha. No mesmo ano, Hitler deu sua cartada mais ousada. A partir de uma demanda da minoria alemã simpática ao nazismo em uma região da Tchecoslováquia conhecida como Sudetos, Hitler pressionou as potências europeias a aceitar a anexação alemã dessa região, no Acordo de Munique, e a expulsão da população de origem não alemã daquele território. O governo da Tchecoslováquia sequer foi convidado para discutir o acordo, que foi celebrado em Londres, com o primeiro-ministro Neville Chamberlain comemorando o que chamou de conquista de uma "paz para o nosso tempo".

A cada passo da ditadura nazista, o já frágil equilíbrio geopolítico europeu criado pelo Tratado de Versalhes era colocado à prova, e o apoio popular a Hitler crescia dentro da Alemanha, em nome do orgulho nacional reconquistado. Fora da Alemanha, Hitler também ganhava prestígio entre simpatizantes do autoritarismo e do fascismo. Mesmo em países de tradição liberal, como os Estados Unidos e a Inglaterra, havia admiradores do ditador entre a elite econômica, intelectual e política. Muitos descendentes de alemães nas Américas, sobretudo da América do Sul, começaram a sentir orgulho de ser parte de uma idealizada *Heimat,* a "comunidade nacional alemã", propagandeada pelos nazistas.

Para os críticos e dissidentes internos, havia a Gestapo, temida polícia política, e os campos de concentração. Para as massas, havia a propaganda idealizada por Joseph Goebbels, que utilizava uma linguagem moderna no cinema e no rádio e se baseava na máxima de que "uma mentira mil vezes repetida se torna uma verdade", que hoje seria conhecida como *fake news*. Combinada com a repressão, a propaganda nazista conseguiu galvanizar apoio popular ao nacionalismo extremo e ao antissemitismo, bem como à liderança pessoal de Hitler.

Em 9 de novembro de 1938, os nazistas organizaram um *pogrom* liderado pela SS (Schutzstaffel), a milícia de elite do Partido Nazista, que ficaria conhecido como a Noite dos Cristais, com a destruição de sinagogas, depredação de lojas e espancamento e assassinato de judeus. Em 1939, o terror de Estado nazista deu um passo além, com a criação do Programa Ação T4, que se propunha a esterilizar e exterminar pessoas com deficiências físicas e problemas de saúde mental em nome do vigor da "raça pura" sob a tutela de médicos e cientistas do Partido Nazista, verdadeiros "assassinos com doutorado", como escreveu o historiador Christian Ingrao. O programa contou com a cumplicidade de boa parte da sociedade alemã. Ainda assim, muitas vozes, sobretudo por motivos religiosos, se ergueram contra o T4, o que obrigou os nazistas a serem mais discretos na sua política de extermínio que, na verdade, só terminou com a derrota alemã em 1945.

Apesar da retórica expansionista alemã, líderes das potências europeias acreditavam que a anexação dos Sudetos seria a derradeira demanda dos nazistas, e que seria possível apaziguar Hitler e acomodar a situação em nome da paz europeia. A União Soviética, por sua vez, sob a ditadura de Josef Stalin, preocupava-se em consolidar sua ordem política interna e não desejava um conflito direto militar com a Alemanha.

Para os mais atentos, entretanto, o advento de uma nova guerra, de proporções incalculáveis, era uma questão de tempo. Quando Hitler exigiu a anexação de parte da Polônia, em nome do "espaço vital" alemão, precipitou o mais terrível conflito armado da história.

ENTRE A UTOPIA SOCIALISTA E O TERROR STALINISTA: A REVOLUÇÃO RUSSA E A UNIÃO SOVIÉTICA

Um dos eventos mais impactantes do século XX foi a Revolução Russa, que derrubou uma monarquia de mais de 400 anos, com poderes praticamente absolutos, e instaurou o primeiro governo socialista da história.

Desde o século XVIII ao menos, o Império Russo oscilava em se afirmar ora como parte da civilização europeia cosmopolita, iluminista e liberal, ora como expressão de uma "alma russa" diferente dos demais povos, de identidade nacional e de tradições culturais e políticas próprias, baseadas na Igreja Cristã Ortodoxa, na cultura eslava e em uma sociedade autocrática, em cujo topo se encontrava a figura paternalista do czar. O Império Russo, cujas origens datavam do século XVII, ia da Europa ao extremo oriente asiático, com muitos recursos naturais e grande população multiétnica espalhada por seu imenso território. Apesar do tamanho do império, o poder do czar era reconhecido e respeitado em todos os rincões, graças à combinada ação de autoridades locais, funcionários do governo central e lideranças religiosas, que mantinham uma ordem social hierárquica que, até meados do século XIX, tinha convivido com a servidão.

Desde o final do século XIX, a Rússia procurava se industrializar, sem perder sua identidade nacional. Fato é que sua industrialização, concentrada em poucas cidades, como Moscou e São Petersburgo (ou Petrogrado), criou uma classe operária significativa, ainda que o país se mantivesse essencialmente agrário no começo do século XX.

Insatisfeitos com o conservadorismo da elite política e da monarquia, intelectuais socialistas, desde o final do século XIX, defendiam mudanças radicais na sociedade, procurando falar em nome do povo. Esses intelectuais se dividiam entre o ideal de um socialismo agrário, baseado na comunidade camponesa tradicional, e o ideal de socialismo ancorado na classe operária urbana. Havia ainda liberais inconformados com o fato de o Império Russo ser governado pela nobreza e pelo clero, sem um parlamento eleito como nas outras monarquias europeias. Nesse ambiente, a "Revolução de 1905" foi uma tentativa desses grupos de modernizar a política do país, mas, apesar de algumas conquistas – como a criação da Duma (Parlamento) e dos conselhos de operários e camponeses, assembleias populares organizadas por fábricas ou cidades, chamadas de "sovietes" (com grande presença de militantes socialistas) –, o poder do czar, garantido pela polícia política, continuou a ser quase absoluto. A repressão que se seguiu, sobretudo contra os camponeses rebeldes, depois da Revolução de 1905, foi brutal, com cerca de 15 mil pessoas mortas pelas forças de segurança.

O czar Nicolau II tinha pretensões geopolíticas e considerava essencial ter influência sobre a região dos Balcãs e a parte oriental do mar Mediterrâneo, o que o fez entrar em conflito com o Império Austro-Húngaro e com o Império Otomano. A Primeira Guerra Mundial começou exatamente a partir das tensões entre a política russa de alegada "defesa dos povos eslavos" (sérvios, croatas, búlgaros) submetidos a esses dois impérios, que por sua vez eram aliados do Império Alemão.

No verão de 1914, o czar armou camponeses e operários para lutar a favor de suas pretensões em nome da "Santa Rússia", com o apoio de liberais e conservadores russos. Como ocorreu em outros países, os soldados foram para os campos de batalha acreditando que a guerra seria breve.

Três anos depois, em 1917, por causa das derrotas militares e da miséria que a guerra causou na população civil, com a falta de comida e a exploração dos trabalhadores nas fábricas, as tensões sociais se agravaram. Nessa época, os sovietes contavam também com os conselhos de soldados, que passaram a exigir, junto aos camponeses e aos operários, "paz, pão e terra". O desprestigiado Nicolau II e a elite tradicional não tinham resposta para essas exigências, e a crise culminou na abdicação do czar, em fevereiro de 1917. Por direito sucessório, quem deveria governar a Rússia era o irmão do czar, mas este recusou o trono. Formou-se então um governo provisório sob autoridade da Duma, com apoio dos liberais, que em julho convidou um membro moderado do Soviete de Petrogrado, Alexander Kerenski, para dirigi-lo, na tentativa de acalmar os operários revoltados.

Kerenski fazia parte de uma facção do Partido Operário Social-Democrata russo conhecida como menchevique ("minoria") que defendia uma passagem gradual para o socialismo, precedida de uma modernização geral do país nos moldes capitalistas; seu objetivo de curto prazo era, em aliança com a burguesia liberal, derrubar a monarquia. A outra ala do Partido, a bolchevique ("maioria"), liderada por Vladimir Lenin, tinha pressa; defendia que se fizesse uma revolução ancorada na classe operária, liderada por um grupo disciplinado e coeso de militantes que deveria ocupar o Estado, implantar uma "ditadura do proletariado" e o regime socialista.

A Revolução de Fevereiro havia sido feita principalmente para acabar com a participação russa na guerra, já sem apoio nas classes populares. Porém, apesar da legislação progressista, prevendo direitos civis antes inexistentes (direito de expressão, de organização), e de algumas conquistas sociais, a principal reivindicação dos revoltosos, o fim da guerra, não foi acatada pelo governo provisório. Pressionada pelos setores conservadores do Exército e pelos industriais que lucravam com a guerra, a Duma não encaminhou um acordo de paz com a Alemanha. Com isso, a agitação entre os operários e os soldados reunidos nos sovietes sob a liderança do Soviete de Petrogrado (atual São Petersburgo) cresceu ainda mais. Afinal, quem derruba uma monarquia de 400 anos, pode muito bem derrubar um frágil governo provisório. O clima de rebelião dos sovietes foi captado pelos líderes bolcheviques, que acabaram tomando o poder, através de uma ação armada contra o governo provisório, no final de outubro de 1917.

Os anos que se seguiram à Revolução de Outubro foram marcados por uma terrível guerra civil, que terminaria com a consolidação da vitória dos bolcheviques em 1922. No caos político que se seguira à derrubada do czar, eles eram uma das poucas forças políticas organizadas, controlavam o coração do Estado sob a liderança de Vladimir Lenin e contavam com militantes altamente disciplinados. A paz com a Alemanha veio em 1918, desagradando os conservadores e os nacionalistas, mas demonstrando que o compromisso maior dos bolcheviques era com as classes populares, sobretudo os operários e soldados, que exigiam "paz". Os bolcheviques também confiscaram terras dos aristocratas e da Igreja para distribuí-las a comunidades camponesas. E, para demonstrar que não hesitavam em suas ações revolucionárias e evitar que o czar liderasse uma contrarrevolução, executaram toda família imperial em julho de 1918. Ainda assim, durante a prolongada guerra civil, os bolcheviques foram combatidos não apenas por conservadores, monarquistas e liberais, mas também tiveram que enfrentar, por exemplo, camponeses anarquistas na Ucrânia, que não aceitavam a autoridade do Estado central, além de uma intervenção de 14 potências estrangeiras que queriam a permanência da Rússia na guerra e o fim do governo bolchevique.

Em 1922, foi criada oficialmente a União das Repúblicas Socialistas Soviéticas (URSS), sob o controle do Partido Comunista, o partido dos bolcheviques que ganhara esse nome desde 1918. Mesmo vitoriosos, exercendo o poder com "mão de ferro", os bolcheviques governavam um país arrasado, com a economia paralisada e ainda com muitas tensões sociais. Para superar tal situação, Lenin lançou a chamada Nova Política Econômica (NEP), um plano que tentava estimular a economia, atenuando o "comunismo de guerra" que tinha vigorado entre 1917 e 1921. As pequenas propriedades particulares foram novamente permitidas, os investimentos do capital estrangeiro foram estimulados e os excedentes da produção nos mercados obtiveram permissão para serem vendidos pelos camponeses com direito a ficar com parte do lucro. Com isso, a economia reagiu, mas, em comparação com o restante da Europa, a União Soviética ainda continuava um país economicamente atrasado.

Além de líder político, Lenin se tornara um teórico da política socialista, inspirado por ideias filosóficas de Karl Marx e Friedrich Engels, que

30 HISTÓRIA CONTEMPORÂNEA 2

acreditavam na "inevitabilidade histórica" da revolução proletária e do comunismo. A partir de suas obras, iniciou-se uma vertente própria no movimento socialista, intitulada marxismo-leninismo, que defendia, por exemplo:

- a necessidade de um partido formado por militantes disciplinados, comandados por um núcleo dirigente central, que atuasse como "vanguarda da classe operária". Esse partido faria a ponte entre a administração do Estado e as organizações de massa, como os sovietes;
- a "ditadura do proletariado", com um Estado forte no comando, como etapa necessária para a construção do socialismo.

Essas e outras formulações teóricas, aliadas à necessidade de coordenar e incentivar as ações dos partidos comunistas que surgiam mundo afora inspirados na Revolução Russa, serviram de base para a criação da Internacional Comunista (Komintern) em 1919. Essa organização visava proteger, em nível internacional, a recém-fundada "pátria dos trabalhadores" (a URSS) e disputar a hegemonia com militantes de outras tendências políticas, como os sociais-democratas e os anarcossindicalistas, nos sindicatos de vários países do mundo. As orientações dadas pela Internacional Comunista variavam conforme o contexto de cada país, oscilando entre uma política de apoio à revolução armada conduzida pelos comunistas e uma aliança com partidos liberais e socialistas, conhecida como "frentismo". A partir de 1934, o frentismo seria adotado como tática para combater a ascensão dos fascismos ao poder, levando os partidos comunistas filiados à Internacional Comunista a participar de "Frentes Populares" antifascistas junto a socialistas e liberais progressistas. Na Espanha e na França, essas frentes chegaram ao governo pelo voto em 1936.

Lenin morreu em 1924, de causas naturais, e sua ausência na liderança do Partido Comunista abriu espaço para uma acirrada disputa de poder não apenas pela direção do Partido Comunista na União Soviética, mas também pela "correta" interpretação de suas teorias. Os principais membros do núcleo da liderança bolchevique de 1917 eram os candidatos naturais à sua sucessão: Leon Trotski, Josef Stalin, Grigori Zinoviev e Lev Kamenev. Mas a briga ficou mesmo entre Trotski, criador do Exército Vermelho e um dos responsáveis pela condução do país na Guerra Civil, e Stalin, editor do jornal do Partido (*Pravda*), comissário das nacionalidades e secretário-geral do Partido Comunista desde 1922. Seguindo os passos de Lenin, Trotski defendia a tese de que o sucesso da União Soviética dependia do êxito de uma "revolução mundial" dos trabalhadores contra o capitalismo. Caso contrário, dizia, a URSS ficaria isolada politicamente e seria facilmente atacada por outras potências. Josef Stalin, por sua vez, tinha outra visão, em sentido oposto: a de que o sucesso de uma futura "revolução mundial" dependia do sucesso político, econômico e militar da União Soviética.

Em 1928, expulsando Trotski, que partiu para o exílio, Stalin consolidou seu poder não apenas dentro do Partido, mas também sobre toda a União Soviética. Sem opositores de peso, procurou colocar em prática a tese do "socialismo em um só país", buscando o fortalecimento da economia soviética em bases diferentes da NEP. Com o Plano Quinquenal lançado nesse ano, Stalin limitou o acesso ao mercado de pequenos e médios proprietários rurais (*kulaks*), confiscando sua produção, e estabeleceu uma nova política agrícola, baseada na coletivização das terras e na mecanização da produção. O alimento produzido pelas fazendas estatais deveria ser entregue na forma de cotas de ração aos operários urbanos. Na visão de Stalin e do grupo que o apoiava, esses eram passos fundamentais para incrementar a industrialização na União Soviética e defender o país. O Estado deveria planejar não apenas a produção básica de alimentos, mas também promover as obras de infraestrutura e a indústria de base (carvão, aço e eletricidade).

O II Plano Quinquenal (1933-1937) continuou priorizando a indústria de base, mas também procurou estimular a indústria de bens de consumo (alimentos e roupas). O resultado dos planos quinquenais foi notável: enquanto o mundo capitalista amargava uma grande crise social e econômica resultante da quebra da Bolsa de Valores de Nova York, a União Soviética cresceu cerca de 180% entre 1928 e 1938. Mas seu custo social foi altíssimo: milhões de camponeses morreram de fome no processo de expropriação das terras e coletivização da produção, e os que reagiram foram brutalmente reprimidos. Na Ucrânia, cujos efeitos dessa política foram particularmente cruéis, o período de 1932 a 1933 ficaria conhecido na memória local como Holodomor, ou "Holocausto Ucraniano", com a morte pela fome de milhões de pessoas.

Para os bolcheviques, contudo, a construção do futuro socialista justificava todos os sacrifícios, e sob o governo de Stalin essa lógica foi levada ao extremo. O stalinismo impôs uma burocracia estatal autoritária e alimentou o culto à personalidade autocrática de Stalin. Na vida política, Stalin concentrou poderes e passou a perseguir não apenas dissidentes, mas também antigos aliados. O controle político e a centralização, forjados ainda nos anos da Guerra Civil como forma de coordenar as ações e unificar os bolcheviques, foram institucionalizados como modelo político inquestionável nos anos 1930, em uma escala ainda maior, matando as possibilidades de crítica ao Partido e de debate interno que ainda existiam nos anos 1920.

Inicialmente, críticos e adversários de Stalin eram expulsos do Partido ou retirados do Comitê Central, o órgão dirigente máximo. Mas, a partir de 1936, teve início o chamado Grande Expurgo. O assassinato de Sergei Kirov, um quadro importante do Partido Comunista, talvez a mando do próprio Stalin (embora o caso ainda seja polêmico), serviu de pretexto para que ele realizasse uma perseguição sem precedentes, cujo maior alvo eram seus próprios camaradas de Partido que podiam lhe fazer sombra ou demonstrar algum espírito crítico. O Grande Expurgo atingiu quase toda a militância que havia participado da Revolução Russa e da construção do Estado soviético. Intrigas e denúncias alimentavam as prisões da NKVD, a nova polícia política que ganhou poderes extraordinários de vida e morte. Stalin autorizava pessoalmente os fuzilamentos dos prisioneiros. Toda liderança bolchevique de 1917 foi julgada nos chamados Processos de Moscou, a partir de confissões obtidas à base de tortura. Mais de dois terços dos altos dirigentes do Partido, além de 5 mil oficiais do Exército Vermelho, foram presos e executados. Algumas cifras, baseadas em listas oficiais soviéticas, falam em cerca de 1,5 milhão de prisões e mais de 600 mil fuzilamentos até 1938. No exterior, simpatizantes do comunismo diziam que essas cifras eram mentirosas, pura propaganda anticomunista. (A extensão desse processo e o número de mortes só seriam admitidos pelo Estado soviético em 1956, sob o governo de Nikita Kruchev.)

Ao fim do Grande Expurgo, o poder autocrático de Stalin era total e inquestionável. Os quadros partidários, administrativos e militares foram renovados, ocupados por membros de uma geração mais nova, que não tinha participado diretamente da Revolução Russa. O Grande Expurgo passou um recado claro de que Stalin e o Partido eram intocáveis e de que qualquer dissidência significaria morte ou prisão em longínquos campos de concentração na gelada Sibéria. A perseguição stalinista ultrapassou as fronteiras soviéticas: em 1940, Leon Trotski, principal líder da oposição de esquerda ao stalinismo, então exilado no México, foi assassinado a mando de Stalin.

O controle político stalinista também se fez sentir na vida cultural e artística da União Soviética. Sob o stalinismo, tanto as vanguardas como os ecos de uma arte engajada independente acabaram sufocados.

Na esperança de "construir um mundo novo", muitos artistas tinham participado da Revolução Russa e aderido ao Partido Comunista. Os ideais de justiça, igualdade social e alfabetização das massas trabalhadoras haviam atraído também muitos intelectuais. Nos anos 1920, mesmo com os dirigentes soviéticos demonstrando intolerância para com "artistas burgueses" que não serviam à propaganda partidária, a vida artística e cultural na União Soviética era intensa. Logo em 1917, organizou-se um grande movimento, abrigando várias tendências estéticas, o chamado Proletkult (Cultura Proletária), que defendia uma arte inspirada nas manifestações e na linguagem popular de trabalhadores e camponeses como melhor expressão dos ideais revolucionários soviéticos. O movimento chegou a reunir 84 mil membros e criou 300 estúdios. Apesar de estar formalmente subordinado ao Comissariado da Educação do governo bolchevique, o Proletkult defendia "uma arte engajada de classe", mas autônoma em relação ao Partido e ao Estado. Seu tamanho e independência provocaram conflitos com o Partido, que queria submetê-lo, e o movimento acabou esvaziado por volta de 1923.

A Revolução Russa ocorrera em um momento muito particular da história da cultura mundial, marcado por movimentos de vanguarda artística que desejavam inventar "uma nova arte para um novo mundo". Em oposição à arte acadêmica e convencional do século XIX, as vanguardas queriam romper formas, explorar novas sensibilidades estéticas e ensinar a ver o mundo com outros olhos. Assim, suas músicas deixaram de seguir fórmulas melódicas e harmônicas consagradas, seus quadros deixaram de querer copiar a realidade, sua poesia procurava ir além da tradução dos sentimentos em palavras, explorando as sonoridades e discutindo a própria linguagem. Enfim, todas as vanguardas buscavam uma revolução estética, mas os artistas que participaram da Revolução Russa viveram de fato uma revolução social. Nomes como o poeta Vladimir Maiakovski, o cineasta Sergei Eisenstein ou o diretor de teatro Vsevolod Meyerhold, entre outros, tentaram conciliar a pesquisa estética inovadora com a defesa do socialismo, aglutinando-se em torno da revista *LEF* (Frente de Esquerda das Artes).

Contudo, em 1932, a mando de Stalin, todas as organizações culturais foram fechadas por decreto. Nesse mesmo ano, foram lançadas as bases da estética oficial do Estado soviético, o chamado "realismo socialista", afinado com o gosto dos dirigentes do Partido, que desejavam uma arte convencional de fácil assimilação pelas massas populares, de caráter exortativo e propagandístico, antítese do que as vanguardas haviam proposto na década anterior. As obras deveriam transmitir valores socialistas de maneira simples, direta, em função de um conteúdo de propaganda partidária; a pintura deveria ser figurativa e imitativa do real; a música, melódica e baseada no folclore nacional; os filmes deveriam ter uma narrativa dramática linear; e a literatura deveria ser direta, sem digressões psicológicas ou subjetivas. Os personagens de filmes e livros deveriam ser "heróis positivos", símbolos da luta revolucionária. O "realismo socialista" não rejeitava a forma da "arte burguesa" do passado, como haviam feito os proletkultistas ou vanguardistas, mas procurava preenchê-la com um "conteúdo revolucionário" (de acordo com os interesses partidários), que exortasse à "ação" e apelasse para o lado emocional do fruidor.

$$* * *$$

Como vimos, na década de 1930, os "vivas à morte" não eram apenas simbólicos e metafóricos. As tensões sociais causadas pelo desemprego em massa, pelos discursos chauvinistas e pelo choque violento de ideologias justificavam todas as ações, toda a violência. Tanto o fascismo como o comunismo supunham inventar uma "nova humanidade" e uma "nova moral", apoiada em uma fé ideológica cega. Como escreveu Nadejda Mandelstam, mulher do poeta russo dissidente Ossip Mandelstam e crítica do stalinismo: "não se pode fazer uma omelete sem quebrar os ovos".

STALINISMO E NAZISMO TÊM ALGO EM COMUM?

As semelhanças entre o terror soviético e o terror nazista nos autorizam a dizer que todas as ideologias extremistas são iguais em sua vontade de matar em nome da política? Esquerda e direita se tornam indiferentes entre si por causa da tentação autoritária que, muitas vezes, pauta partidos e governos nela inspirados? O nazismo seria de esquerda só porque oficialmente se chama "nacional-socialismo"? É preciso refletir um pouco mais sobre esses pontos.

Em primeiro lugar, em que pesem a violência e o terror de Estado comuns às ditaduras de esquerda e de direita, não podemos deixar de pensar nas diferenças básicas entre o nazifascismo e o socialismo. O primeiro parte e se alimenta do ódio racial, tornando-o "virtude" política e moral, e defende a manutenção das hierarquias sociais, mascarando-as com uma política de uniformização racial, apoiando-se em uma tradição imperialista. Já o socialismo defende a superação das desigualdades sociais, mesmo a partir de métodos que, dentro de valores democráticos liberais, são muito questionáveis. A ideologia fascista só pode gerar uma forma de Estado violenta, posto que a violência é sua natureza, princípio e fim. O socialismo em si mesmo não necessariamente desemboca em ditaduras de tipo stalinista e pode se conciliar com a democracia eleitoral e os direitos civis. Mas o fato é que o modelo soviético de socialismo, sobretudo durante o governo de Stalin, aproximou-se, na forma e nos métodos de controle social, das ditaduras fascistas de direita.

O conceito de "totalitarismo" consagrado pelos pensadores liberais dos anos 1950 tentou explicar essas ditaduras do entreguerras, a partir das semelhanças mencionadas. Mas as diferenças, não apenas entre os vários modelos de fascismo e de socialismo adotados por diversos países, desafiam conceitos uniformizadores desse tipo.

O problema da História Contemporânea é que a violência extremada não era exclusividade das chamadas "ditaduras totalitárias", embora estas tenham extrapolado todos os limites morais. Nas colônias africanas e asiáticas, massacres perpetrados pelas metrópoles europeias levaram milhões de pessoas à morte, como no Congo no início do século XX, e frequentemente se davam sob a guarda de valores liberais, humanistas, fé cristã e discursos ditos civilizados. Nas Américas do século XIX, os genocídios indígenas e a barbárie da escravidão africana também conviveram com regimes liberais que se queriam civilizados, emoldurados pela cortesia e boas maneiras da vida burguesa. Obviamente, essa constatação não serve para atenuar os crimes das ditaduras totalitárias, nem as iguala às democracias. Mas pensar historicamente é encarar e comparar as diversas sociedades ao longo do tempo, seus valores e ideologias políticas, naquilo que elas apresentam como semelhanças, mas também como diferenças.

Além disso, vale ressaltar que, assim como a terra é redonda, o nazismo definitivamente não é de esquerda.

LEITURAS COMPLEMENTARES

EVANS, Richard. *O Terceiro Reich na História e na memória*. São Paulo: Planeta do Brasil, 2018.

FITZPATRICK, Sheila. *A Revolução Russa*. São Paulo: Todavia, 2017.

HOBSBAWM, Eric. *A era dos extremos*: o breve século XX. São Paulo: Companhia das Letras, 1995.

KERSHAW, Ian. *De volta do inferno*: Europa, 1914-1949. São Paulo: Companhia das Letras, 2016.

MANN, Michael. *Fascistas*. Rio de Janeiro: Record, 2008.

MARIE, Jean-Jacques. *História da guerra civil na Rússia*. São Paulo: Contexto, 2017.

REIS FILHO, Daniel Aarão. *A revolução que mudou o mundo*. São Paulo: Companhia das Letras, 2017.

SONDHAUS, Lawrence. *A Primeira Guerra Mundial*: a história completa. São Paulo: Contexto, 2013.

SUGESTÕES DE OBRAS DE FICÇÃO

FITZGERALD, F. Scott. *O grande Gatsby*. São Paulo: Penguin/Companhia das Letras, 2011.
Romance ambientado nos anos 1920, centrado na figura de um personagem que encarna o individualismo norte-americano e suas contradições, em um momento em que os Estados Unidos se afirmavam como potência mundial.

ORWELL, George. *1984*. São Paulo: Companhia das Letras, 2009.
 Clássico da literatura distópica sobre o futuro dominado por um sistema político totalitário.

PADURA, Leonardo. *O homem que amava os cachorros*. São Paulo: Boitempo, 2015.
 Romance histórico sobre o assassinato de Leon Trotski, inimigo do stalinismo. Faz uma síntese das utopias políticas do século XX e suas contradições.

SUGESTÕES DE FILMES DE FICÇÃO E DOCUMENTÁRIOS

O ovo da serpente (*Das Schlangenei /The Serpent's Egg*), Ingmar Bergman, Suécia/EUA, 1977.
Clássico sobre a ascensão do nazismo e as suas causas políticas e sociais.

Outubro (*Октябрь*), Sergei Eisenstein, União Soviética, 1927.
Outro clássico do cinema mundial, produzido como forma de comemorar os dez anos da Revolução Russa.

Tempos modernos (*Modern Times*), Charles Chaplin, EUA, 1936.
Mostra as contradições e as desigualdades da sociedade industrial sob a ótica de um operário.

As vinhas da ira (*The Grapes of Wrath*), John Ford, EUA, 1940.
Adaptação do livro de John Steinbeck, retrato realista dos efeitos da Crise de 1929 nos Estados Unidos.

O grande ditador (*The Great Dictator*), Charles Chaplin, EUA, 1940.
Sátira dos delírios de poder dos ditadores nazifascistas e suas ditaduras.

Vincere! (*Vincere!*), Marco Bellocchio, Itália, 2009.
Filme sobre a ascensão de Benito Mussolini ao poder, a partir da perspectiva de uma das suas amantes, confinada em um hospício.

Arquitetura da destruição (*Undergångens arkitektur*), Peter Cohen, Suécia, 1989.
Um dos melhores documentários críticos sobre a visão de mundo dos nazistas e de seus valores culturais e estéticos.

"Entre as ruínas, outros homens surgem": Segunda Guerra Mundial e a reconstrução moral e material do mundo

A Segunda Guerra Mundial seria o ápice da matança generalizada e das violências do entreguerras. Nunca tantos matariam em tal proporção em tão pouco tempo. Mas, por outro lado, ao fim do conflito, seriam reafirmados alguns valores fundamentais que nos obrigam, desde então, a pensar a política junto a uma nova ética, na qual a coerência entre os fins e os meios seja mantida minimamente. Contudo, antes dessa nova era de crença no humanismo e na democracia, o mundo flertou com o apocalipse.

Em 1939, o escritor francês George Duhamel referiu-se ao contexto de tensões geopolíticas na Europa como "paz-guerra". Para ele, a "paz-guerra" fazia com que uma determinada potência exigisse vantagens para si, supondo que as outras potências cedessem às pressões, por causa do medo da "guerra total", da "guerra-catástrofe". Os traumas da Primeira Guerra Mundial ainda eram vivos naquela geração, e imaginava-se que um novo conflito entre nações altamente industrializadas poderia ser ainda pior. A diplomacia da "paz-guerra" era, entretanto, um jogo perigoso, pois haveria um ponto crítico em que os adversários pressionados prefeririam a guerra total à capitulação. Adolf Hitler jogou esse jogo, conseguiu muitas concessões da França e da Inglaterra e esticou a corda até que ela estourasse, em 1939, com a invasão da Polônia em nome de mais uma reivindicação territorial alemã.

O trauma da Primeira Guerra ainda estava vivo nos europeus da década de 1930. Mas os ressentimentos dos países derrotados e humilhados em seu orgulho nacional também. E estes foram maiores do que aquele. Foi nesse ressentimento que o nazismo se apoiou para reerguer o militarismo alemão, com Hitler jogando o jogo da "paz-guerra". Em 1º de setembro de 1939, com a invasão da Polônia, as regras desse jogo perigoso não mais funcionaram. França e Inglaterra, antes hesitantes, finalmente declararam guerra à Alemanha.

A PRIMEIRA FASE DA GUERRA NA EUROPA: O AVANÇO NAZISTA (1939-1942)

Em menos de um mês, o exército polonês foi vencido. As regiões ocidentais da Polônia, com presença marcante de população alemã, foram anexadas à Alemanha, e as demais regiões do país foram ocupadas militarmente. Além de serem as primeiras vítimas de um novo tipo de tática de guerra alemã chamada *blitzkrieg* ("guerra-relâmpago", que combinava ataques rápidos e simultâneos de tanques, aviões e infantaria), os poloneses também conheceram a brutalidade nazista, um novo tipo de terror contra a população civil em guerras dentro da Europa, mas muito semelhante ao que muitos países europeus já faziam nas suas zonas coloniais da Ásia e da África, diga-se. Na Polônia ocupada, todas as escolas superiores foram fechadas, intelectuais foram mortos e muitos cidadãos comuns foram condenados a trabalhos forçados nas fábricas alemãs. Além disso, a população considerada "racialmente inferior", como judeus e ciganos, passou a ser sistematicamente perseguida, confinada e assassinada.

Pouco antes da invasão da Polônia, o mundo ficara chocado ao tomar conhecimento de um pacto de "não agressão" entre a Alemanha e a União Soviética, celebrado em 23 de agosto de 1939. Como dois regimes com ideologias não só distintas, mas também francamente inimigas uma da outra poderiam celebrar um pacto de paz? Simpatizantes e militantes do comunismo soviético, mesmo surpresos, fizeram um esforço para justificar a decisão de Stalin, e o desconforto não foi maior entre os simpatizantes do fascismo. Mas o que ninguém sabia, posto que era uma cláusula secreta, era que esse acordo previa a divisão da Polônia entre alemães e soviéticos. Assim, duas semanas depois do ataque alemão, a Polônia também foi invadida pelos soviéticos. Além do terror nazista, os poloneses igualmente conheceriam o terror stalinista. Em maio de 1940, na floresta de Katyn, a polícia secreta soviética enterrou cerca de 21 mil pessoas assassinadas em prisões, exterminando a parte da elite intelectual, religiosa e política do país que tinha escapado dos nazistas, além de vários prisioneiros de guerra. Contudo, até 1990, os soviéticos negariam qualquer responsabilidade no Massacre de Katyn, tendo até então sempre culpado os nazistas por ele.

A guerra deixava um mundo, que já era torto, completamente de ponta-cabeça.

A GUERRA SE ESPALHA PELA EUROPA

Logo após ocupar a Polônia, Hitler tentou jogar seu jogo mais uma vez, oferecendo a paz a ingleses e franceses, que a rejeitaram. Com isso, a Alemanha preparou-se para invadir os países da Europa Ocidental em 1940. Primeiro, a Wehrmacht ocupou a Noruega, a Holanda, a Dinamarca e a Bélgica, cercando a França e a Inglaterra. Finalmente, a França foi invadida em junho de 1940. O mundo esperava uma nova frente de batalha entre franceses e alemães, tão dura quanto na Primeira Guerra Mundial, quando houve praticamente um empate entre os dois exércitos. Mas com a nova tática da *blitzkrieg*, os alemães venceram os franceses em menos de um mês, reforçando o mito da "invencibilidade" do Exército nazista. O norte do país foi ocupado militarmente, enquanto no sul foi instalado um governo comandado oficialmente por franceses de extrema direita, colaboracionista, cuja capital ficava na cidade de Vichy. O general Charles de Gaulle, líder da corrente nacionalista da Resistência, fugiu para a Inglaterra e de lá liderou o governo da França Livre e suas forças militares que continuaram a luta contra os alemães e seus aliados. Até hoje, a história da rápida capitulação francesa, da ocupação e da chamada República de Vichy causa polêmicas e constrangimentos na França, pois revela menos um país disposto a resistir do que a colaborar com os nazistas, apesar dos combatentes da França Livre e do heroísmo da famosa Resistência francesa (a rede secreta formada por nacionalistas antifascistas, liberais e comunistas de combate à ocupação nazista), consagrado em vários filmes do pós-guerra e na própria memória nacional.

Mesmo diante da derrota da França e da muito provável invasão da Inglaterra, o novo governo inglês, liderado por Winston Churchill, rejeitou qualquer acordo com o Hitler. Em junho de 1940, Churchill fez um famoso discurso no Parlamento conclamando os ingleses a combater os nazistas:

> Muito embora grandes extensões da Europa e antigos e famosos Estados tenham caído ou possam cair nos punhos da Gestapo e de todo o odioso aparato do domínio nazista, nós não devemos enfraquecer ou fracassar. Iremos até o fim. Lutaremos na França. Lutaremos nos mares e oceanos, lutaremos com confiança crescente e força crescente no ar, defenderemos nossa ilha, qualquer que seja o custo. Lutaremos nas praias, lutaremos nos terrenos de desembarque, lutaremos nos campos e nas ruas, lutaremos nas colinas; nunca nos renderemos.

Consta que, ao fim do discurso, em meio ao alvoroço dos parlamentares que o aplaudiam, o primeiro-ministro inglês sussurrou ironicamente para um dos seus colegas: "E nós lutaremos contra eles com os fundos de garrafas de cervejas quebradas porque, caramba, isso é tudo que nós temos!"

Na chamada Batalha da Inglaterra, entre setembro e outubro de 1940, os nazistas tinham um plano claro: bombardear as principais cidades inglesas para destruir suas fábricas e diminuir a vontade de resistir da população civil, preparando a invasão por terra ou forçando um armistício (suspensão temporária da luta). Mas a Inglaterra tinha mais do que garrafas quebradas para se defender. Ainda possuía uma das maiores marinhas de guerra do mundo e um avião muito rápido, o "cospe-fogo", *Spitfire*. Além disso, os ingleses contavam com uma novidade tecnológica: o radar, que permitia localizar os aviões alemães assim que eles tivessem acabado de decolar, a centenas de quilômetros de distância. Assim, apesar dos fortes bombardeios aéreos que mataram cerca de 40 mil ingleses civis, em fins de outubro, Hitler acabou interrompendo a *blitz* sobre a Inglaterra, pois percebeu que o custo militar da invasão da ilha seria altíssimo e que a ameaça militar inglesa à expansão do nazismo no continente europeu já estava neutralizada. Nesse momento, a guerra na Europa Ocidental entrava em uma fase de calmaria, apesar do terror das ocupações nazistas. Em compensação, o conflito rapidamente se espalharia em outras regiões da Europa e do mundo.

A Itália fascista, aliada ideológica da Alemanha, em um primeiro momento hesitara entrar na guerra, mas animou-se com as vitórias alemãs e declarou guerra à França em 1940. Benito Mussolini queria conquistar territórios coloniais franceses no norte da África, ricos em petróleo, além de expandir seus domínios para os Balcãs e no entorno do mar Mediterrâneo. Os ingleses sabiam que aquela região era fundamental para garantir as passagens de navios mercantes pelo canal de Suez (Egito) e também para atacar as fontes de petróleo dos nazistas. Os alemães também avançaram para os Balcãs em 1941, para impedir a atuação dos ingleses naquela região. Mas a ocupação nazista dos Balcãs tinha uma outra razão, "secreta": cercar a União Soviética.

Mapa 1 – Primeira fase da guerra: limites da expansão nazista na Europa

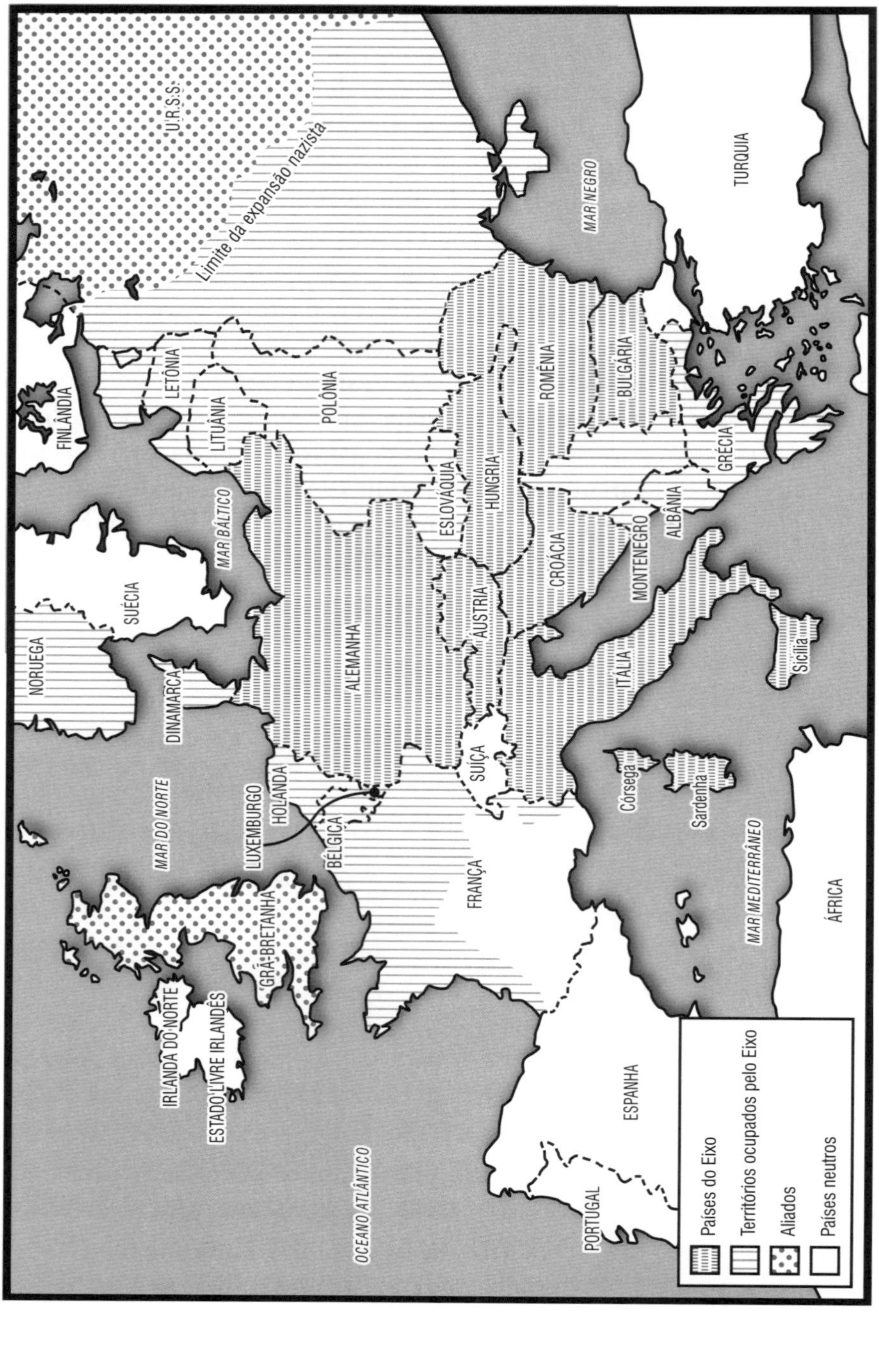

A OPERAÇÃO BARBAROSSA:
A INVASÃO DA UNIÃO SOVIÉTICA

Apesar do pacto de não agressão entre Stalin e Hitler, estava claro para ambos que, mais cedo ou mais tarde, a guerra seria inevitável. Só não se sabia quando. Até hoje, a historiografia se divide sobre o quanto os soviéticos estavam efetivamente esperando um ataque maciço dos alemães no curto prazo.

Os discursos nazistas sobre o "espaço vital" alemão, reafirmados desde que tomaram o poder em 1933, claramente sugeriam a ocupação do Leste Europeu e a escravização ou a expulsão dos povos eslavos, considerados "racialmente inferiores" pelos nazistas, para a Ásia. Hitler e a cúpula nazista defendiam que o avanço alemão para o Leste da Europa era semelhante a uma "marcha da civilização" contra "nativos", como uma guerra colonial. Essa perspectiva revela o quanto o imaginário nazista da "raça superior" era um capítulo mais radical e trágico da mentalidade colonial europeia, já sem pudores em se justificar usando o discurso da expansão da religião cristã ou do progresso a ser levado a povos "atrasados" (negros africanos, indígenas...). As vítimas agora eram populações brancas da Polônia, da Rússia, da Ucrânia e de outras regiões a serem ocupadas por "arianos".

Se os eslavos, tidos como "inferiores", podiam ser eventualmente "úteis" como trabalhadores braçais pelos nazistas, os judeus eram considerados "uma doença a ser erradicada". A política antissemita nazista, em tempos de guerra, já não tinha mais limites.

O HOLOCAUSTO E O NASCIMENTO DOS DIREITOS HUMANOS

Quando o Exército Vermelho soviético entrou no campo de concentração nazista de Auschwitz, em janeiro de 1945, muitos soldados já experientes com a violência da guerra ficaram chocados com as cenas que viram: milhares de prisioneiros esqueléticos, alguns mutilados, corpos em decomposição empilhados... O gigantesco campo de concentração havia sido evacuado pelos nazistas, que também dinamitaram as câmaras de gás onde haviam morrido mais de 1 milhão de pessoas, tentando encobrir seus crimes. Em abril do mesmo ano, tropas americanas, britânicas e canadenses libertaram outros campos na Alemanha, incluindo Buchenwald e Bergen-Belsen. A cena era a mesma: pilhas de corpos em decomposição, sobreviventes em estado de inanição pela fome e maus-tratos. Dos cerca de 60 mil prisioneiros sobreviventes, mais de 10 mil morreriam nas semanas seguintes à libertação. Aliados e soviéticos filmaram a libertação dos campos, os cadáveres e os sobreviventes, revelando ao mundo as atrocidades cometidas pelos nazistas em nome da "pureza racial".

O conceito de "campo de concentração" já havia sido implementado nas guerras coloniais da África, entre o final do século XIX e início do século XX, por ingleses na África do Sul e pelos próprios alemães na Namíbia. Mas os nazistas deram um novo sentido à expressão. Seus campos eram uma mescla de campos de prisioneiros (políticos e de guerra), de trabalho escravo e de extermínio em massa, sistematicamente organizado para colocar em prática as políticas genocidas especialmente contra judeus, eslavos e ciganos – povos considerados de "raças inferiores" e, consequentemente, as maiores vítimas nos campos nazistas. Homossexuais e testemunhas de Jeová também foram perseguidos, confinados e mortos. Tudo era registrado, tabulado, cronometrado e organizado para matar com eficiência.

Os judeus – o maior contingente de pessoas exterminadas (6 milhões de mortos) – foram vítimas de uma perseguição específica, realizada na Alemanha e em todos os países ocupados, chamada de Solução Final, que ganhou esse nome por pretender eliminar fisicamente todos os judeus da Europa. Famílias inteiras eram deportadas para os campos situados no Leste europeu e, depois de viajarem mais de quatro dias como animais em vagões de carga, eram recebidas por guardas da SS que separavam os que iam trabalhar como escravos (geralmente, mulheres e homens jovens) dos que iam morrer imediatamente nas câmaras de gás (velhos, doentes e crianças menores de 10 anos).

Os testemunhos dos sobreviventes divulgariam mais tarde o cotidiano terrível dos campos. Uma das revelações mais chocantes foi a existência de experiências feitas por "médicos" nazistas com os prisioneiros transformados em cobaias humanas para diversos fins: câmaras de baixa pressão e congelamento de prisioneiros, queimaduras infligidas no corpo para testar componentes de novas bombas, inoculação de vírus e bactérias que causavam grande sofrimento e dor, esterilização de mulheres e homens, injeção de substâncias nas veias e nos olhos, dissecação viva dos corpos sem anestesia. O médico nazista Josef Mengele, autor de destaque dessas experiências, conseguiu fugir antes de ser capturado, vindo a morrer no Brasil no final dos anos 1970 sem ter respondido por seus crimes.

Além de chocar o mundo, o Holocausto teve efeitos no debate mundial e nas políticas internacionais para prevenção e punição de "crimes em massa". O conceito de "genocídio", definido como uma política de matança sistemática e programada feita por um Estado ou grupo político no poder contra minorias religiosas, nacionais ou étnicas, foi sistematizado pela ONU e passou a fazer parte do Direito Internacional. A tortura passou a ser considerada não apenas um crime de guerra, mas também um crime contra a humanidade. Se o Holocausto não foi o primeiro crime contra a humanidade, ele teve um impacto moral nunca antes visto, ao ter sido praticado por uma das nações consideradas mais desenvolvidas e cultas do mundo contra milhões de inocentes que sequer eram "inimigos do Estado" ou estavam em guerra contra os nazistas que organizaram seus campos como fábricas imensas, cuja função era produzir morte em massa.

"ENTRE AS RUÍNAS, OUTROS HOMENS SURGEM" **45**

> Em 1948, tentando evitar novas tragédias como o Holocausto, a ONU promulgou a Declaração Universal dos Direitos Humanos. Portanto, diante das críticas atuais feitas à "turma dos direitos humanos", é preciso lembrar a origem desse conceito: as atrocidades cometidas pelos nazistas em nome da segurança do Estado, da pureza racial e da ordem pública.
>
> Sobreviventes do Holocausto puderam contar sua história em livros e depoimentos nos julgamentos contra criminosos nazistas, como o famoso julgamento de Adolf Eichmann, ocorrido em Israel em 1961. Vítimas foram ouvidas com atenção e narraram os eventos a partir de suas perspectivas, revelando fatos que muitas vezes não estavam nos documentos escritos ou nos discursos oficiais das autoridades. Tais relatos perturbaram a tradicional forma de contar a história a partir dos vencedores e dos heróis políticos e militares. Até hoje seu registro faz parte do chamado "dever da memória" para com os perseguidos, os torturados, os mortos.
>
> Ainda existem grupos simpatizantes do nazismo que negam que tenha existido o Holocausto ou que ele tenha sido produto de uma política deliberada da cúpula nazista. São os "negacionistas", termo que pode ser estendido para qualquer negação de processos e eventos históricos em que haja algum tipo de vítima coletiva, como nos genocídios indígenas, na escravidão africana ou nas ditaduras que matam e torturam seus próprios cidadãos em nome da segurança nacional. Os negacionistas, contra todas as evidências documentais ou testemunhais, e contra os consensos dos especialistas no tema, procuram esconder, diminuir ou justificar os crimes nazistas. Contra eles, nada melhor do que o conhecimento e a *verdade histórica*. Esta pode ser discutida, verificada, revisada e reinterpretada à luz de novos achados documentais; interpretada, mas nunca falseada.

É nesta chave de compreensão que devemos entender a invasão da União Soviética em junho de 1941. Já não se tratava mais de uma guerra para afirmar interesses econômicos ou alargar fronteiras. Na mentalidade nazista, era uma guerra colonial total.

Apesar das tensões crescentes entre os dois países às vésperas da invasão, alguns biógrafos de Stalin afirmam que ele foi surpreendido. O líder soviético, segundo esses biógrafos, mesmo quando soube do ataque, achava que tudo não passava de uma provocação de oficiais anticomunistas alemães na fronteira, esperando que os russos revidassem e justificassem uma declaração de guerra formal.

A hesitação das lideranças partidárias e a desordem militar na frente de batalha foram quase fatais para a União Soviética. Em poucos meses, os nazistas chegaram aos subúrbios da capital Moscou, além de cercar ou ocupar várias cidades importantes. Em Leningrado, como foi rebatizada a histórica cidade de São Petersburgo durante o período soviético, o cerco nazista custou a vida de mais de 1 milhão de pessoas.

Ao mesmo tempo que organizava sua resistência interna, a União Soviética do comunista Stalin fez uma aliança com a Inglaterra do conservador Churchill, em nome da luta contra o inimigo comum, os nazistas. Os Estados Unidos, que ainda não tinham entrado oficialmente no conflito, também prometeram ajuda para os russos. Enquanto alemães e italianos formavam o Eixo, a aliança entre ingleses e soviéticos lançava o núcleo central dos países que seriam conhecidos como Aliados.

A resistência da população civil russa foi decisiva para combater os nazistas, e até hoje é uma das páginas mais tristes e heroicas da História. Vilas inteiras foram destruídas pelos próprios habitantes em fuga, para que nada pudesse servir aos exércitos alemães. Fábricas foram desmontadas e levadas para a parte asiática do país. Mas, apesar da severa punição do governo soviético para os soldados que se entregassem, a superioridade militar alemã foi se impondo até que o gelo do inverno e a lama do outono impediram um avanço mais rápido das tropas nazistas. Hitler previra uma tomada rápida de Moscou e a desintegração simbólica da União Soviética como Estado-nação, com a fuga dos comunistas para a parte asiática do país. Mas isso não aconteceu.

Ao longo de 1942, a guerra na frente russa foi marcada por ofensivas e contraofensivas de lado a lado. No final do ano, as tropas alemãs tentaram tomar Stalingrado (atual Volgogrado) e cruzar o rio Volga para chegar aos campos de petróleo soviéticos, mas foram contidas, sendo derrotadas no começo do ano seguinte. Era a primeira derrota da Wehrmacht em três anos de conflito. Simbolicamente, Stalingrado marcou um ponto de virada na Segunda Guerra Mundial, em favor dos Aliados.

Carlos Drummond de Andrade, poeta brasileiro, consagrou um dos mais belos poemas em homenagem à resistência antinazista daquela cidade:

> Stalingrado, quantas esperanças!
> Que felicidade brota de tuas casas!
> De umas apenas resta a escada cheia de corpos
> De outras, um cano de gás, a torneira, uma bacia de criança
> [...]
> Mas a vida em ti é prodigiosa e pulula como insetos ao sol,
> Ó minha louca Stalingrado!

A GUERRA SE TORNA EFETIVAMENTE MUNDIAL

Quando a Segunda Guerra começou na Europa, boa parte da sociedade e da liderança política dos Estados Unidos defendia o chamado "isolacionismo" e a neutralidade do país no novo conflito. Essa, para muitos, era mais uma guerra europeia, com seus nacionalismos extremados e fanatismos ideológicos particulares. Para os isolacionistas, a "América democrática" deveria ficar em paz, longe dos campos de batalha, fazer seus negócios e tocar a vida sem se arriscar. Também na América "democrática" havia bolsões ultraconservadores e francamente racistas, e não era incomum encontrar simpatizantes de Hitler e do nazismo.

Mas havia outra tendência política, com outro modo de pensar a posição norte-americana na guerra, bancada por lideranças políticas sobretudo em torno do presidente Franklin Roosevelt, membros da elite econômica interessada na expansão dos mercados e um grupo de diplomatas formados nas melhores universidades americanas. Defendiam que um país em franca expansão mundial, recuperando-se dos efeitos da Crise de 1929, com claros interesses econômicos em várias regiões do mundo, como a América do Sul, Caribe, oceano Pacífico e China, não deveria ficar apenas olhando de longe a expansão de outras potências. A guerra era uma oportunidade.

O apelo de Churchill para que o Novo Mundo viesse em socorro do Velho Mundo, em nome da defesa da civilização e do liberalismo, foi ouvido por Roosevelt, que declarou os Estados Unidos "o arsenal da democracia". Já no começo de 1941, os americanos claramente tinham escolhido um lado na guerra, proibindo barcos alemães e italianos nos seus portos. Em agosto, Roosevelt e Churchill assinaram a Carta do Atlântico, que defendia o livre comércio entre as nações e o estabelecimento de fronteiras nacionais por vias diplomáticas. Mas faltava um bom motivo para convencer a população norte-americana a mandar seus filhos morrerem em terras distantes. Afinal, ninguém ainda declarara guerra aos Estados Unidos. A opção pela guerra carecia de um motivo claro para se concretizar.

Essa oportunidade veio em 7 de dezembro de 1941, quando o Japão atacou de surpresa a base de Pearl Harbor e destruiu dezenas de navios da marinha de guerra dos Estados Unidos. Mas onde entra o Japão em toda esta história?

O Império do Japão tinha se modernizado desde o final do século XIX e criado uma forte base industrial no país, inspirando-se no modelo colonialista

48 HISTÓRIA CONTEMPORÂNEA 2

europeu para expandir seus mercados na Ásia e no Pacífico. O país era super-populoso, com um território pequeno e poucos recursos naturais. Tais características levaram a elite política e militar japonesa a desenvolver seu próprio projeto imperialista sobre outros povos asiáticos, entrando em choque tanto com o antigo imperialismo europeu naquela área, como com os interesses expansionistas norte-americanos sobre o Pacífico e a China. Uma mistura de ideologia militarista com uma peculiar visão de superioridade racial nipônica sobre outros povos asiáticos tomou conta da elite política japonesa na década de 1930. No começo dessa década, os japoneses ocuparam a Manchúria, separando essa região do resto da China. E, em 1936, aderiram ao Pacto Anticomunista aliando-se à Itália e à Alemanha, tornando-se o terceiro país do Eixo.

Diante dos avanços japoneses que desagradavam britânicos e americanos, o presidente Roosevelt impôs ao Japão um bloqueio comercial. O ataque a Pearl Harbor, no Havaí, foi o lance japonês no perigoso jogo da "paz-guerra". No cálculo dos militares japoneses, o surpreendente ataque, além de enfraquecer o poderio da marinha norte-americana, pressionaria os americanos por um acordo que acabasse com o bloqueio comercial. Mas os americanos dobraram a aposta e foram à guerra.

A guerra no Pacífico desenrolou-se nos mares e nas centenas de ilhas estratégicas que permitiam aos americanos fixar bases para chegarem à Ásia continental e ao próprio Japão. Até meados de 1942, o Império do Japão dominava uma gigantesca área marítima e continental, além de fomentar, estrategicamente, movimentos anticoloniais dos nativos nas colônias europeias do Sudeste Asiático (Indonésia, Birmânia, Filipinas, China). Mas o expansionismo japonês encontrou seus limites quando as marinhas norte-americana e inglesa conseguiram vencê-lo na Batalha do Mar de Coral, em maio de 1942, perto da Austrália. A guerra na Ásia duraria mais dois anos e meio, sendo disputada ilha a ilha, praia a praia. As ilhas tropicais, outrora consideradas paradisíacas, se transformaram em sangrentos campos de batalha.

Embora seja pouco lembrada quando se fala da Segunda Guerra Mundial, a China foi, depois da Rússia, o país que mais perdeu população durante o conflito, com 10 milhões de mortos, quase todos civis. Nesse período, o país – rico em recursos naturais e com um grande potencial de mercado – era disputado pelos imperialismos do Japão e das potências ocidentais. O Exército imperial japonês perpetrou grandes massacres contra os chineses justificados pelo racismo (até hoje esse tema causa tensão entre os dois países; apesar de alguns governantes japoneses do pós-guerra terem expressado suas "desculpas", elas não foram consideradas suficientes por conta de mensagens contraditórias presentes em determinados rituais políticos e livros de História japoneses). Além disso, desde os anos 1930, os chineses viviam uma intensa guerra civil entre nacionalistas de direita, liderados por Chiang Kai-shek, e comunistas, liderados por Mao Tsé-tung. Assim, todas as motivações que alimentaram a Segunda Guerra lá se encontravam: imperialismo, genocídio racial, luta de classes. Ao fim do conflito, nasceria uma nova China, como veremos adiante.

A RESISTÊNCIA AO NAZIFASCISMO

A brutalidade dos nazistas contra as populações civis dos países ocupados, sobretudo contra as pessoas consideradas de "raça inferior", era um fenômeno inédito nas guerras europeias modernas, embora a violência racial contra judeus, por exemplo, fosse bem antiga. Além de humilhações de toda ordem, muitos cidadãos eram deportados para trabalhar à força nas indústrias alemãs. Judeus, comunistas, socialistas, ciganos, homossexuais eram perseguidos sistematicamente pelos fanáticos da SS (as "Tropas de Proteção"), assassinados ou deportados para campos de concentração e de extermínio. Tudo somado, as ocupações acabavam por estimular a resistência civil na forma de guerrilhas protagonizadas, sobretudo, pelos chamados *partisans*, que se espalhariam por toda a Europa ocupada.

Contudo, em alguns lugares da União Soviética, como na Ucrânia e nas pequenas repúblicas soviéticas do mar Báltico (Letônia, Estônia e Lituânia), a invasão dos nazistas chegou a ser saudada por parte da população como uma possibilidade de ganhar a independência nacional e se livrar da ditadura stalinista e dos bolcheviques. Os ucranianos, por exemplo, lembravam bem da Grande Fome do começo da década de 1930, provocada pela coletivização forçada das fazendas agrícolas promovida pelos bolcheviques e que matou milhões de camponeses. Quando, mais tarde, as esperanças de que os alemães fossem "libertadores" se dissiparam, ucranianos se voltaram contra os nazistas, formando grupos armados de resistência.

Em outros países, como França, Grécia e Iugoslávia, a resistência ao ocupante nazista se confundia com a luta contra os fascistas locais, chamados de "colaboracionistas".

As resistências ao nazifascismo envolveram vários grupos sociais e diversas correntes ideológicas: burgueses e operários, intelectuais e trabalhadores, católicos, judeus e ateus, comunistas, liberais e nacionalistas. Para além de suas diferenças, formaram uma grande frente antinazista e antifascista, lutando em escala nacional, e até internacional, pela defesa de valores civilizacionais básicos. Resistir ao nazifascismo tornou-se uma espécie de obrigação ética, mais do que uma mera opção política, pois se tratava de combater uma ideologia que se confundia com a barbárie totalitária, racista e genocida. Assim, momentaneamente, os resistentes suspenderam suas disputas internas (embora tensões políticas permanecessem) em favor da luta contra o inimigo comum.

As ações de resistência ocorriam de várias formas no cotidiano. As ações armadas normalmente se voltavam contra as tropas de ocupação, as autoridades do Terceiro Reich (como é chamado o Estado alemão sob o nazismo) e a infraestrutura utilizada pelos alemães (estradas de ferro, fios elétricos). Os grupos ligados aos partidos comunistas dos países ocupados foram particularmente atuantes, pois tinham uma vasta rede clandestina de apoio e militância organizada.

Um levante exemplar contra a brutalidade nazista ocorreu no Gueto de Varsóvia, uma prisão a céu aberto que concentrava os judeus dessa cidade antes de enviá-los aos campos de extermínio. Durante duas semanas, os judeus, ainda que famintos, debilitados e com poucas armas, enfrentaram corajosamente as tropas alemãs, até a destruição final do Gueto.

Em represália aos atentados das resistências, a polícia secreta nazista, a Gestapo, reprimia indivíduos, mas também aplicava punições coletivas vitimando populações inteiras de uma cidade ou mesmo uma região. Era uma forma de espalhar o terror entre as famílias e as comunidades, visando derrotar moralmente aqueles que lutavam contra a ocupação nazista e procurando evitar que obtivessem apoio das populações locais. Um massacre famoso ocorreu depois da morte de um alto oficial da SS pela resistência tcheca, quando Hitler ordenou uma punição exemplar: todos os habitantes maiores de 16 anos da cidade de Lidice, na Tchecoslováquia ocupada, foram fuzilados, e as crianças foram deportadas para campos de extermínio.

Em 1942, Hitler promulgou o decreto chamado Noite e Neblina para combater, sobretudo, as redes clandestinas de resistência. Toda pessoa detida em territórios ocupados, suspeita de participar dessas redes, deveria ser entregue à Gestapo e transferida, sem julgamento formal, para prisões na Alemanha ou em outros locais, onde desaparecia sem deixar rastro. Surgia a figura do "desaparecido político", que também seria comum nas ditaduras militares da América Latina nos anos 1970.

"ENTRE AS RUÍNAS, OUTROS HOMENS SURGEM" *51*

Depois da guerra, o tema da resistência ao nazifascismo inspiraria filmes e livros de memórias e ficção, além de ser tematizada por ensaios políticos e filosóficos. Todos os países, incluindo os que haviam colaborado, sido ocupados ou até aliados dos alemães, trataram de resgatar figuras heroicas e valorizar histórias de resistência interna. Entretanto, a partir dos anos 1980, a historiografia de muitos desses países vem revisitando o tema, revelando a existência de tensões internas entre as várias correntes a que pertenciam os resistentes e a fabricação de certos mitos nacionais que não correspondem aos fatos históricos, ainda que sejam portadores de valores positivos, humanistas e libertários. Na França do pós-guerra, o culto nacionalista da Resistência e de seus heróis colaborou para a reconstrução política e moral da sociedade francesa. Contudo, alguns historiadores afirmam que a maioria dos franceses "nem resistiu, nem colaborou", mas permaneceu indiferente ao governo de Vichy ou ao nazismo, concentrada na própria sobrevivência e no cotidiano. Outros argumentam que a ação dos resistentes franceses não foi imprescindível para a vitória dos Aliados, como a propaganda governamental na França do pós-guerra fez crer.

Por sua vez, os alemães, acusados de terem sido totalmente fiéis e submissos a Hitler e aos ideais nazistas, coniventes como nação com o Holocausto, têm visto surgir uma nova memória nacional que destaca a existência de uma resistência interna, mesmo no auge do poder nazista. De fato, alguns historiadores vêm resgatando histórias de resistência ao nazismo dentro da própria Alemanha, protagonizadas, sobretudo, por jovens, além de lideranças intelectuais e religiosas, como o chamado Movimento Rosa Branca.

De todo modo, depois da Segunda Guerra Mundial, a palavra "resistência" se tornaria uma espécie de símbolo das lutas contra qualquer opressão política ou invasão estrangeira, ganhando um sentido mais amplo, positivo em si mesmo, como uma espécie de consequência do imperativo moral de se combater o mal, a favor da liberdade e dignidade humanas.

A VIRADA NA GUERRA (1943-1945)

A partir de 1943, com a consolidação da aliança de muitos países contra as potências do Eixo, a guerra viraria para o lado dos Aliados. Apesar das tensões ideológicas entre as democracias liberais que lideravam a coalizão antifascista (Estados Unidos e Inglaterra) e a União Soviética comunista, não havia dúvida sobre a urgência em derrotar Hitler. Contudo, Stalin teve que pressionar bastante para que seus aliados abrissem uma segunda

52 HISTÓRIA CONTEMPORÂNEA 2

frente de batalha, na Europa Ocidental, pois o custo material e humano de combater a Wehrmacht era bem maior do lado soviético. A abertura da segunda frente só viria a acontecer com a invasão aliada da Normandia (França), em meados de 1944. Até hoje, biógrafos e historiadores debatem sobre a demora das potências ocidentais em auxiliar os soviéticos. Teria sido excesso de zelo para poupar soldados, dada a grande dificuldade de desembarcar tropas em praias abertas sob fogo cerrado? Ou uma tática deliberada para deixar a União Soviética (comunista) se desgastar o máximo possível, visando diminuir seu poder de negociação geopolítica no futuro pós-guerra (favorecendo, com isso, as potências liberais capitalistas)?

Além de obter vitórias importantes no Pacífico – com a tomada de ilhas estratégicas que lhes permitiam iniciar o ataque ao Japão e reconquistar o sudoeste asiático –, os Aliados expulsaram as tropas italianas e alemãs do Norte da África, privando Alemanha e Itália de suprimentos de petróleo.

A ilha da Sicília, parte do território italiano, foi invadida pelos Aliados e conquistada em 1943, provocando uma crise no governo fascista, com a perda de prestígio de Mussolini junto à população e o aumento da impopularidade dos alemães junto aos italianos. A Itália, apesar de ser governada na prática por Mussolini e seu Grande Conselho Fascista, ainda era formalmente uma monarquia, na qual o rei Vittorio Emanuele III era o chefe do Estado. A crise deu forças ao rei para destituir o *Duce,* como era conhecido o ditador italiano. O novo governo iniciou negociações secretas com os Aliados e, em outubro de 1943, a Itália declarou guerra à Alemanha.

Os alemães não podiam se permitir perder a influência na península itálica e acabaram ocupando a parte norte do país, que se tornou a República Social Italiana sob a liderança de Mussolini com o apoio das tropas alemãs. Com isso, a Itália ficou literalmente dividida. Como ocorreu também em outros países, a partir de então, a luta na Itália se tornou não apenas uma guerra entre exércitos nacionais em território italiano, mas também uma guerra civil entre fascistas e antifascistas, na qual se destacaram os comunistas italianos.

A derrota final dos fascistas e dos exércitos alemães na Itália só ocorreu em abril de 1945. Mussolini foi capturado por *partisans* e executado a tiros. Seu corpo (e os de outros fascistas) foi levado a Milão, onde foi pendurado de cabeça para baixo diante de uma multidão enfurecida que o espancava e apedrejava, como uma vingança simbólica pelos sofrimentos impostos ao país, sobretudo pela sua aliança com os nazistas, que, como em outros lugares ocupados, cometeram muitas atrocidades contra a população civil italiana.

O BRASIL NA SEGUNDA GUERRA

Até 1940, o governo de Getúlio Vargas não tinha decidido sobre qual lado iria apoiar na guerra que acabara de começar na Europa ou mesmo se iria ficar neutro no conflito. O Brasil estava sob a ditadura do Estado Novo, em parte inspirada pela forma de organização social e política dos regimes fascistas e autoritários europeus: o poder político era centralizado, o nacionalismo era um dogma, o poder judiciário não era independente e havia censura e perseguição aos opositores do regime. Além disso, muitos altos funcionários do governo, civis e militares, eram francamente simpáticos aos nazistas.

Com o avanço da guerra e o envolvimento dos Estados Unidos na luta contra os nazistas e os japoneses, a "neutralidade" brasileira mostrou-se politicamente inviável. O Brasil era rico em minérios estratégicos para a indústria bélica e grande produtor de borracha, material fundamental para os veículos e os aviões militares dos Aliados. Além disso, poderia fornecer alimentos para os países em guerra. O imenso litoral brasileiro era considerado pelos Aliados uma fronteira frágil no caso de uma eventual invasão nazista no continente (vale lembrar que, em 1941, os alemães dominavam boa parte das colônias francesas na costa africana, a menos de cinco horas de voo do Nordeste brasileiro), portanto, deveria ser protegido.

Franklin Roosevelt, tentando evitar que os vários grupos simpatizantes do nazismo ganhassem influência nos países da América Latina, desenvolveu a chamada Política da Boa Vizinhança, estreitando laços na região que já era, tradicionalmente, área de influência norte-americana.

No começo de 1942, o Brasil finalmente escolheu um lado, comprometendo-se a romper o comércio com os países do Eixo e a fornecer alimentos e matérias-primas para os Aliados. Vários navios mercantes brasileiros passaram a ser atacados por submarinos alemães, matando mais de 600 pessoas. Em agosto de 1942, diante da pressão aliada e das manifestações populares no país, Getúlio Vargas declarou guerra à Alemanha. Simpatizantes do Eixo no Brasil – sim, havia – chegaram a espalhar a falsa versão de que os americanos é que tinham afundado os navios brasileiros para forçar a entrada do país na guerra, mas poucos acreditaram nessa mentira.

Uma tropa foi organizada para lutar na Europa, a "Força Expedicionária Brasileira" (FEB), composta por 25 mil soldados que ficaram sob o comando do Exército norte-americano como força auxiliar na Campanha da Itália. A atuação da FEB, se não foi decisiva para os rumos da Segunda Guerra, foi significativa na libertação da Itália central do jugo nazista. A Batalha de Monte Castelo e a de Montese foram os maiores triunfos militares dos "pracinhas" (como ficaram carinhosamente conhecidos os nossos soldados na guerra). Até hoje, vários monumentos e museus naquela região reservam um lugar específico para honrar a memória dos pracinhas brasileiros.

> A participação na luta contra o nazifascismo aguçaria as críticas internas ao governo ditatorial de Getúlio Vargas – afinal, como uma ditadura podia lutar ao lado das democracias liberais em nome da liberdade? –, colaborando para sua queda, em fins de 1945.

Na Europa do Leste (Europa Oriental), o avanço do Exército Vermelho soviético fazia as tropas nazistas recuarem cada vez mais, abandonando territórios que haviam ocupado e deixando seus antigos colaboradores sem sua proteção. Hungria, Bulgária, Romênia, Polônia, Iugoslávia acabaram sendo ocupadas pelo Exército Vermelho com o apoio dos comunistas locais, que, mais tarde, ajudariam os soviéticos a impor o modelo político stalinista em seus países. No começo de 1945, os soviéticos já estavam em território alemão, preparando seu ataque final à capital Berlim.

Na Europa Ocidental, americanos, ingleses e canadenses conseguiram realizar o desembarque de milhares de soldados na Normandia (França), no dia 6 de junho de 1944, conhecido como Dia D, abrindo a tão aguardada "segunda frente" contra a Alemanha nazista. Apesar de muitas baixas, que chegaram a 70% em algumas praias, os Aliados conseguiram quebrar as defesas alemãs. Além disso, os ataques aéreos contra as cidades alemãs se tornaram mais intensos, matando milhares de civis e destruindo muitas indústrias.

Em meados de 1944, populares e grupos de resistência em Paris e Varsóvia (capital da Polônia) se rebelaram contra a ocupação alemã, lutando nas ruas. Hitler deu ordens para reprimir os levantes e, em caso de retirada, destruir completamente essas cidades. Paris teve melhor sorte que Varsóvia. A proximidade das tropas aliadas fez com que a revolta de Paris fosse bemsucedida e a cidade poupada, com a expulsão das tropas alemãs já em clima de retirada estratégica. Já o levante de Varsóvia, conduzido por forças nacionalistas polonesas, foi derrotado e a cidade acabou completamente destruída pelos nazistas, com a morte de 50 mil civis. A derrota dos nacionalistas poloneses que lideraram o levante, que também eram anticomunistas, acabaria facilitando a ocupação da Polônia pelo Exército Vermelho soviético e a posterior imposição do comunismo no país, apesar da falta de apoio de boa parte da sociedade polonesa, profundamente nacionalista e católica.

Na Europa, a guerra acabou no começo de maio de 1945, com a rendição total da Alemanha aos Aliados, depois da tomada de Berlim pelos soviéticos. Hitler, junto a outros líderes nazistas, cometeu suicídio no *bunker* onde estava abrigado. O fato de o paradeiro do corpo do ditador ser desconhecido por muitos anos chegou a alimentar muitas teorias sobre uma possível fuga do líder nazista, nunca chanceladas por historiadores sérios. A versão mais aceita atualmente afirma que o corpo de Hitler foi localizado por soldados do Exército Vermelho, cremado e enterrado em local secreto na própria Alemanha por ordens de Stalin, para evitar peregrinações de simpatizantes ao seu túmulo.

Na Ásia, a Segunda Guerra só terminaria depois do bombardeio atômico que arrasou as cidades japonesas de Hiroshima e Nagasaki e matou na hora mais de 200 mil pessoas. O presidente norte-americano Harry Truman (que substituíra Franklin Roosevelt depois da sua morte por causas naturais em abril de 1945) decidiu pelo lançamento das bombas contra a população civil das duas cidades, mesmo sabendo que o Japão sofria derrotas consecutivas e perdia rapidamente o acesso a matérias-primas fundamentais para o esforço de guerra. Essa decisão até hoje causa debates entre os historiadores: o bombardeio atômico do Japão foi imprescindível para conseguir a rendição incondicional dos japoneses? A justificativa dos estrategistas americanos era que um eventual desembarque de tropas americanas causaria muitas baixas. A tradição dos soldados japoneses de lutar até a morte, sem nunca se render, reforçava esse argumento. Além disso, vale lembrar, que os soviéticos declararam guerra ao Japão em 1945, e o avanço do Exército Vermelho na Ásia ajudou a acelerar o fim do conflito. Alguns historiadores sugerem que a bomba atômica lançada sobre o Japão também foi um "recado" para Stalin a respeito do poderio americano e um prenúncio da tensão entre as duas potências, Estados Unidos e União Soviética, no mundo pós-guerra.

De todo modo, o ataque atômico às cidades japonesas é considerado por parte da opinião pública e por alguns historiadores digno de figurar na galeria dos crimes de guerra e dos crimes contra a humanidade, embora o governo norte-americano não o reconheça. De toda forma, independentemente de terem sido cometidas pelo lado perdedor ou vencedor do conflito, ou cometidas em nome de um combate pelas liberdades democráticas contra o fascismo, as atrocidades da guerra não podem ser esquecidas pela História.

Em setembro de 1945, o Japão se rendeu, encerrando, oficialmente, a Segunda Guerra Mundial, que deixou um saldo de 50 milhões de mortos em todos os continentes, uma impressionante destruição material, milhões de desabrigados e refugiados, além de um legado de miséria moral por conta das políticas deliberadas de genocídio e dos massacres contra civis indefesos e inocentes, que não poupou nem as crianças.

UMA GUERRA OU MUITAS GUERRAS
AO MESMO TEMPO?

Os historiadores têm se referido à Segunda Guerra Mundial como um guarda-chuva de conflitos paralelos que convergiram para uma guerra total de escala planetária. Na historiografia política e militar tradicional, a Segunda Guerra é vista como um conflito entre nações, tendo como epicentro a agressão alemã contra seus vizinhos que causou a reação dos Aliados.

Na memória oficial de países como os Estados Unidos e a Inglaterra, a luta foi pela manutenção da civilização ocidental contra a barbárie nazista, o que não deixa de ter fundamento. Nesses países, alimentou-se a imagem de uma "intervenção democrática" para salvar a liberdade e a humanidade. Nos Estados Unidos, a intervenção americana é ainda frequentemente vista como uma "cruzada" pela libertação da Europa, em que a participação soviética na derrota do nazismo é muitas vezes e propositalmente "esquecida".

Na memória das esquerdas, a Segunda Guerra foi um conflito basicamente antifascista, em nome da justiça e da liberdade dos povos submetidos ao fascismo.

Na União Soviética, a Segunda Guerra Mundial foi chamada de Grande Guerra Patriótica, lembrada por ter sido uma luta pela defesa do território, em reação à política de ocupação e extermínio racista defendida por Hitler contra os russos e os eslavos em geral. Essa memória se manteve na Rússia mesmo com o fim da União Soviética, em 1991.

A reconstrução da Alemanha Ocidental (República Federal Alemã, país criado em 1949 no lado ocupado pelos Aliados) e do Japão como Estados democráticos conviveu obrigatoriamente com processos de expiação da "culpa coletiva" e reparação às vítimas dos países que haviam ocupado, mas também com esquecimentos propositais reforçados pelos interesses dos Aliados vencedores. Na Alemanha Oriental (República Democrática Alemã, também criada em 1949, sob tutela soviética), elaborou-se outro tipo de narrativa, culpando o imperialismo capitalista pela emergência do nazifascismo e considerando os trabalhadores alemães como suas vítimas. Agora, esses trabalhadores estariam supostamente representados (e defendidos) pelo Partido Comunista no poder.

Além da pluralidade de memórias traumáticas ou heroicas, sólidas ou mitificadas em torno do conflito, podemos observar uma pluralidade de processos políticos de fato abrigados sob o nome de "Segunda Guerra Mundial". Houve pelo menos três tipos de guerras em curso, que muitas vezes se confundiram.

a. Uma guerra internacional, entre potências imperialistas em processo de expansão comercial, territorial ou demográfica cujos interesses se chocaram. É o caso do conflito entre Estados Unidos e Japão, Alemanha e Inglaterra, França e Alemanha, Estados Unidos e Alemanha.
b. Uma guerra colonial, de conquista, controle de recursos naturais, submissão e extermínio de populações consideradas "inferiores", levada a cabo sobretudo pela Alemanha nazista nos países da Europa do Leste e pelo Império do Japão contra a China.
c. Uma guerra civil com envolvimento internacional, como podemos ver no apoio dos soviéticos aos *partisans* comunistas dentro dos países ocupados e nas várias guerras civis que ocorreram sobretudo na Iugoslávia, na Itália, na China e na Grécia entre comunistas e anticomunistas, fascistas e antifascistas.

Com o fim da guerra, surgiriam novas tensões políticas e debates sobre qual seria a melhor maneira de reconstruir um mundo arrasado. Mal as pedras dos escombros tinham sido recolhidas, o mundo veria recomeçar o clima de "paz-guerra" que tantos estragos tinha feito no passado recente. Os países capitalistas e os soviéticos passariam a disputar pela consolidação das respectivas zonas de influência no mundo. Em 1947, começava o período conhecido como Guerra Fria.

LEITURAS COMPLEMENTARES

ALEKSIÉVITCH, Svetlana. *A guerra não tem rosto de mulher.* São Paulo: Companhia das Letras, 2016.

COGGIOLA, Osvaldo. *A Segunda Guerra Mundial*: causas, estruturas e consequências. São Paulo: Livraria da Física, 2015.

GUTERMAN, Marcos. *Nazistas entre nós*: a trajetória dos oficiais de Hitler depois da guerra. São Paulo: Contexto, 2017.

_____. *Holocausto e memória*. São Paulo: Contexto, 2020.

HECHT, Emmanuel; SERVENT, Pierre. *Século de sangue*: as vinte guerras que mudaram o mundo. São Paulo: Contexto, 2015.

JUDT, Tony. *Pós-guerra*: uma história da Europa desde 1945. Rio de Janeiro: Objetiva, 2008.

KERSHAW, Ian. *De volta do inferno*: Europa, 1914-1949. São Paulo: Companhia das Letras, 2016.

Losurdo, Domenico. *Guerra e revolução*: o mundo, um século após 2017. São Paulo: Boitempo, 2017.
Masson, Phillipe. *A Segunda Guerra Mundial*. São Paulo: Contexto, 2010.
Rees, Lawrence. *Holocausto*: uma nova história. São Paulo: Vestígio, 2018.
Werth, Alexander. *A Batalha de Stalingrado*: o início do fim da Alemanha nazista. São Paulo: Contexto, 2015.
Wieviorka, Olivier; Lopez, Jean. *Mitos da Segunda Guerra Mundial*. São Paulo: Contexto, 2020.

SUGESTÕES DE OBRAS DE FICÇÃO E LIVROS DE MEMÓRIAS

Grossman, Vassili. *Vida e destino*. São Paulo/Rio de Janeiro: Alfaguara/Objetiva, 2014.
   Épico literário, com reflexões críticas sobre a Revolução Bolchevique e sobre o stalinismo, ao mesmo tempo que celebra a heroica resistência do povo soviético à invasão nazista.
Levi, Primo. *É isto um homem?* Rio de Janeiro: Rocco, 1988.
   Testemunho fundamental sobre a experiência do autor como sobrevivente do campo de concentração de Auschwitz.

SUGESTÕES DE FILMES DE FICÇÃO E DOCUMENTÁRIOS

Alemanha, ano zero (*Germania anno zero*), Roberto Rossellini, Itália, 1948.
Filmado nas ruas arruinadas de Berlim no pós-guerra, este clássico do neorrealismo italiano mostra os efeitos da guerra pela perspectiva de uma criança.

Roma, cidade aberta (*Roma, città aperta*), Roberto Rossellini, Itália, 1945.
Outro clássico do neorrealismo italiano, um elogio à resistência ao nazismo por parte do povo italiano.

Noite e neblina (*Nuit et brouillard*), Alain Resnais, França, 1955.
Documentário fundamental para se compreender o Holocausto e seus efeitos na história e na memória.

"A era atômica": a Guerra Fria, entre o local e o global

Depois de combaterem juntos o nazifascismo, os países liberais ocidentais, liderados pelos Estados Unidos, e o bloco socialista, liderado pela União Soviética, envolveram-se em um processo crescente de desconfiança e hostilidade recíprocas. Entre 1945 e 1947, quando o epicentro da disputa era a Europa destruída pela guerra, o conflito de interesses entre os blocos capitalista-ocidental e comunista-soviético já manifestava seus primeiros sinais, cada qual acusando o outro de ameaçar a paz mundial. Em 1947, a geopolítica dos "dois blocos" se consolidou e cada uma das duas superpotências que haviam emergido da Segunda Guerra Mundial exigia a fidelidade dos países sob sua influência e uma aliança global entre eles para além dos pactos militares, pois incluía cooperação econômica e fidelidade ideológica. Começava então o período conhecido como Guerra Fria.

Dentro de cada país, grupos e indivíduos simpatizantes do outro bloco eram vigiados e, conforme o caso, reprimidos. Essa situação de repressão política era mais grave nos países do Terceiro Mundo (expressão que surgiu à época para designar o conjunto de países pobres, vários deles ex-colônias), que possuíam instituições democráticas frágeis e tradição autoritária entre as elites políticas. Neles, tanto os governos anticomunistas como aqueles simpáticos ao modelo soviético seriam marcados, quase sempre, por regimes autoritários e policiais que coibiam seus dissidentes e críticos. As ditaduras militares anticomunistas da América Latina, dos anos 1960 e 1970, são exemplares nesse aspecto.

Pelos acordos entre os Três Grandes (Estados Unidos, URSS e Inglaterra) feitos ainda durante a Segunda Guerra, países da Europa central e oriental – Polônia, Hungria, Tchecoslováquia – faziam então parte da zona de influência soviética. Nesses países não existia praticamente espaço para manifestar posições independentes dos soviéticos, embora sempre tenha havido na clandestinidade, entre os seus cidadãos, críticos ao comunismo.

Nos países da Europa Ocidental, como a França e a Itália, havia maior convivência democrática e pluralismo no sistema político, apesar das tensões e críticas de lado a lado, e das instabilidades políticas recorrentes. Neles, os Partidos Comunistas chegaram a ter grande número de adeptos e se tornaram importantes no jogo eleitoral, atraindo de 10% a 30% do eleitorado.

Na Alemanha, dividida em quatro regiões sob a administração militar dos Aliados, os governos dos países capitalistas ocidentais – Estados Unidos, Inglaterra e França – promoveram a integração das regiões sob seu controle e incentivaram a recuperação econômica. No lado alemão controlado pelos soviéticos, iniciou-se a estatização da economia, conforme o modelo socialista da União Soviética.

No mundo ainda em grande parte dividido em zonas coloniais, a luta pela independência também foi contaminada pela Guerra Fria, com os diversos grupos anticoloniais disputando para sua causa o apoio das superpotências de cada bloco e sendo disputados por elas.

Alarmados com o avanço comunista na Polônia e na Grécia, que vivia uma guerra civil entre adeptos da esquerda e da direita, os líderes políticos ingleses e estadunidenses reagiram. Winston Churchill, agora ex-primeiro-ministro conservador da Inglaterra, em discurso pronunciado na cidade de Fulton, nos Estados Unidos, em março de 1946, denunciou o expansionismo soviético na Europa e a formação de uma "cortina de ferro" totalitária dividindo o continente europeu. Muito hábil com as palavras como sempre, Churchill definiu ideologicamente o que estava em jogo na Guerra Fria.

"A ERA ATÔMICA" 61

Um ano depois, Harry Truman, presidente dos Estados Unidos, apresentou ao Congresso estadunidense sua política de contenção do comunismo conhecida como Doutrina Truman, com a seguinte justificativa: "[...] os regimes totalitários impostos aos povos livres, por agressão direta ou indireta, solapam os fundamentos da paz internacional e, por conseguinte, a segurança dos Estados Unidos". Na prática, era uma autorização para que a diplomacia e as Forças Armadas dos Estados Unidos interviessem diretamente em qualquer país sob sua esfera de influência, justamente para garantir que se mantivesse como tal.

A DOUTRINA DE SEGURANÇA NACIONAL

Uma das teses que mais se disseminaram no período da Guerra Fria foi chamada de Doutrina de Segurança Nacional. Essa doutrina, desenvolvida nos Estados Unidos e divulgada entre seus aliados em sua zona de influência, foi uma das armas teóricas que formaram gerações de lideranças militares e civis dispostas a combater a qualquer preço o comunismo, visto como uma ameaça internacional que se expandia a partir da conquista do poder em diversas sociedades e Estados nacionais. Portanto, de acordo com essa doutrina, a "luta contra o comunismo" deveria ser internacional, mas também travada dentro de cada país, se preciso contra os próprios concidadãos, a partir dos mesmos métodos e estratégias.

Conforme essa doutrina, a guerra contra o comunismo ia além da dissuasão militar, com a exibição de poderio bélico que desencorajasse agressões estrangeiras. Tratava-se de uma "guerra total" a ser desenvolvida também nos campos econômico, político e cultural. As fronteiras deixavam de ser "nacionais" e passavam a ser "ideológicas". Consequentemente, todos os países anticomunistas deveriam cooperar entre si.

Era preciso não apenas desenvolver uma propaganda anticomunista eficaz, como também provar que o sistema capitalista de livre mercado e propriedade privada era superior ao sistema comunista e capaz de gerar bem-estar para todos. Com isso, esperava-se que as populações não se deixassem levar pelas promessas de igualdade social feitas por comunistas e simpatizantes.

Ao mesmo tempo, em cada país, o governo deveria vigiar e reprimir, por vias policiais e jurídicas, os partidos comunistas locais, considerados meros "fantoches de Moscou" e peças do "Movimento Comunista Internacional". Os comunistas locais passaram a ser considerados o "inimigo interno" que se utilizava das suas atividades cotidianas para fazer propaganda do comunismo e criticar o capitalismo, em escolas, sindicatos e até igrejas. Assim, essas instituições passaram a ser alvo de vigilância policial, que se estendeu em muitos países para outras correntes de esquerda que nada tinham a ver com o modelo soviético de socialismo.

A Doutrina de Segurança Nacional foi disseminada em toda a América Latina e complementada no Brasil a partir da Escola Superior de Guerra. Somada a outra doutrina militar surgida na guerra colonial francesa contra os argelinos (ver capítulo seguinte), chamada de Contrainsurgência, a Doutrina de Segurança Nacional foi responsável por transformar os exércitos nacionais do continente latino-americano em verdadeiras polícias na luta contra a "subversão". No limite, conforme essas ideias, as Forças Armadas deveriam tomar o Estado e acabar com o jogo político eleitoral, evitando que fosse aproveitado pelos comunistas "contra a democracia". Portanto, a mentalidade autoritária que orientava esses regimes criou o mito de que era preciso acabar com a democracia para salvá-la!

Em países que já não tinham tradição democrática, as políticas de segurança nacional e de contenção ao comunismo legitimaram ditaduras militares nos anos 1960 e 1970. Nelas, qualquer crítica às desigualdades sociais e econômicas, à falta de liberdade de manifestação e à miséria social era vista como "coisa de comunista", justificando medidas repressivas que acabavam indo além dos limites humanitários e legais, como o uso sistemático de tortura contra presos políticos.

Mesmo depois de encerrada a Guerra Fria e de extinta a União Soviética, essa mentalidade paranoica ainda está presente em muitas lideranças civis e militares do continente latino-americano, inclusive no Brasil. Qualquer política reformista, luta por direitos sociais ou crítica às desigualdades é taxada de "subversão" e "ameaça à ordem" por aqueles que acham, de maneira ingenuamente sincera ou cinicamente oportunista, que o comunismo ainda é uma ameaça contra a família, a propriedade e a religião. No Brasil, como na América Latina em geral, o anticomunismo ainda é usado como desculpa para defender prerrogativas de alguns privilegiados contra grupos sociais historicamente excluídos.

A primeira grande crise entre os dois blocos aconteceu entre junho de 1948 e maio de 1949, com o bloqueio soviético de Berlim Ocidental – zona de influência do bloco capitalista e um enclave na zona de ocupação soviética – para forçar a unificação da Alemanha sob o governo comunista pró-Moscou. Essa medida impedia que a parte da cidade ocupada por estadunidenses, franceses e ingleses, ainda destruída pela guerra, recebesse produtos de primeira necessidade por terra. Para garantir o abastecimento dessa parte da cidade, o governo dos Estados Unidos estabeleceu então uma ponte aérea, desafiando o bloqueio ordenado por Josef Stalin. O bloqueio, que se mostrou ineficaz, foi finalmente encerrado em maio de 1949.

BLOCOS ECONÔMICOS E MILITARES

Em 1948, o secretário de Estado, George Marshall, apresentou ao Senado dos Estados Unidos um programa que previa medidas de ajuda econômica e financeira aos países europeus devastados pela guerra. As dificuldades do pós-guerra na Europa Ocidental – o desemprego, a falta de moradia e a fome – haviam elevado o grau dos conflitos sociais, beneficiando os partidos comunistas que captavam o ressentimento dos trabalhadores diante das elites tradicionais que os tinham conduzido à tragédia da guerra, prometendo dividir melhor as riquezas. Em grande parte, o Plano Marshall, como ficaria conhecido esse programa de ajuda, era uma resposta às ameaças à ordem social capitalista. A ajuda chegou a ser oferecida também a vários países sob a tutela soviética, mas foi recusada, sob o argumento de ameaçar a independência financeira do bloco socialista. O total dos recursos foi de cerca de US$ 14 bilhões de dólares, entre ajuda a fundo perdido e empréstimos a serem pagos no futuro, com a contrapartida de abertura de mercados e fim de impostos sobre a circulação interna de mercadorias comuns em muitos países europeus. Cada governo poderia utilizar os recursos conforme identificasse as maiores carências de seu país.

Existe hoje um debate sobre o efetivo papel do Plano Marshall na reconstrução europeia, mas o fato é que, por volta de 1953, boa parte dos países europeus ocidentais já crescia economicamente em ritmo forte. O período conhecido como "Os 30 anos gloriosos" (1945-1975), que marcou o crescimento econômico ocorrido na maioria dos países desenvolvidos do bloco capitalista, ganhou impulso nessa época.

O modelo político escolhido pelos países da Europa Ocidental durante a Guerra Fria, por se basear em um sistema pluripartidário de eleições livres e regulares, podia ser definido como "liberal". Na economia, no entanto, o liberalismo era visto com desconfiança, pois a defesa da não intervenção do Estado saíra enfraquecida da Crise de 1929 e da depressão econômica da década de 1930. Portanto, a ideia hegemônica na época considerava que o Estado deveria regular a economia, normatizar o crédito, planejar o crescimento e criar um sistema de seguridade social que minimizasse os efeitos das oscilações econômicas. As empresas ligadas aos serviços públicos, como abastecimento, sistema de saúde e educação, eram controladas diretamente pelo Estado, assim como os setores básicos da economia, como energia e transportes. O acesso público e gratuito à educação e à saúde era garantido às populações.

A reconstrução da Europa Ocidental também foi marcada pela consolidação do "Estado de Bem-Estar Social" (*Welfare State*), defendido principalmente pelos partidos de centro-esquerda, como os social-democratas e os socialistas, mas também pela nova força política de centro-direita, a democracia cristã. O montante economizado pelos trabalhadores e pela classe média nos itens básicos de sobrevivência, então subsidiados pelo Estado, como moradia, saúde e educação, passou a ser gasto em bens de consumo (carros, eletrodomésticos) e lazer (restaurantes, entretenimento, turismo), incrementando o mercado. Esse sistema, porém, dependia do crescimento econômico, pois o Estado precisava arrecadar impostos suficientes para mantê-lo sem prejudicar os negócios privados e sem perder o controle do déficit público e da inflação.

Na Europa Oriental, prevaleceu o modelo soviético de organização política, social e econômica: governo de "partido único", sistema autoritário baseado na vigilância policial, economia estatizada e planificada. Por algum tempo, esse sistema foi economicamente eficaz, sobretudo na reconstrução da infraestrutura e da indústria no pós-guerra. A União Soviética procurou estabelecer acordos comerciais com vários países do seu bloco, mas ao mesmo tempo impôs reparações de guerra aos países que haviam sido aliados do Eixo, como a Hungria e a Romênia, além da Alemanha. Em 1949, o bloco socialista lançou o Comecon (Conselho para Assistência Econômica Mútua), numa tentativa de estimular as trocas entre as economias socialistas sem depender do mundo capitalista.

Contudo, sobretudo a partir dos anos 1960, as disparidades entre essas "duas Europas" ficaram muito claras, pendendo a favor dos países capitalistas, tanto em termos de produtividade, quanto no critério de bem-estar da população. Apesar de a União Soviética manter seu estatuto de superpotência militar, por essa época "a pátria do socialismo" iniciou um longo processo de declínio econômico até, nos anos 1980, entrar em colapso, com o PIB soviético sendo metade do norte-americano.

As razões que explicam as deficiências do sistema econômico soviético são várias: excesso de controle estatal e de burocracia na política econômica com impactos na macro (políticas econômicas) e na microeconomia (gestão de empresas); falta de estímulo tanto para trabalhadores quanto para potenciais empresários; drenagem de recursos pela indústria bélica sem a contrapartida de bens de consumo para a população; baixa capacidade de investimento público,

"A ERA ATÔMICA" 65

favorecimento e corrupção da burocracia partidária. Tudo isso resultaria na queda econômica paulatina que levaria consigo todo o bloco socialista.

Mas até meados dos anos 1960, as diferenças econômicas entre Estados Unidos e URSS não eram tão grandes, e a União Soviética colecionava triunfos na ciência, nos esportes e na corrida armamentista em relação ao seu rival.

A busca por ampliar a esfera de influência das superpotências envolvia acordos militares internacionais e jogos de espionagem. De fato, a espionagem internacional nunca desempenhou um papel tão relevante quanto durante a Guerra Fria. As siglas CIA (Agência Central de Inteligência) e KGB (Comitê de Segurança do Estado) se transformaram em símbolo desses jogos (fazendo até parte da cultura popular, alimentando matérias de jornal, romances de aventura, filmes "de espionagem"). Cada lado procurava estar muito bem informado sobre o outro, roubando segredos militares, se antecipando às decisões diplomáticas, conhecendo as tensões da política interna e as fragilidades das lideranças de governo. Além desses jogos sem sangue, os serviços de espionagem promoveram assassinatos de dissidentes e espiões inimigos, ajudaram a organizar violentos golpes de Estado em países satélites para derrubar líderes hostis e atuaram no combate a grupos armados apoiados pelo "outro lado" nas guerrilhas locais.

Em 1947, os Estados Unidos firmaram o Tiar (Tratado Interamericano de Assistência Recíproca), que serviria de inspiração para a criação da Otan (Organização do Tratado do Atlântico Norte) em 1949, liderada pelos Estados Unidos e composta inicialmente por 12 países. Esses dois tratados materializavam a "doutrina de segurança", considerando uma eventual agressão a um membro da organização um ataque a todos os outros signatários. Em 1955, a União Soviética criou sua própria organização de aliados chamada de Pacto de Varsóvia, nos mesmos moldes da Otan.

O MURO DE BERLIM

Em 1949, após quatro anos de ocupação militar, a Alemanha estava dividida oficialmente em dois países: a República Federal Alemã (Alemanha Ocidental, capitalista) e a República Democrática Alemã (Alemanha Oriental, comunista). As zonas ocupadas por franceses, estadunidenses e ingleses haviam sido unificadas, e a parte ocidental da cidade de Berlim se tornou um enclave capitalista no interior da Alemanha Oriental, comunista.

Ao longo dos anos 1950, a Alemanha Ocidental experimentou um impressionante crescimento econômico, voltando a ser uma das economias mais fortes da Europa. Governada por uma democracia liberal e pautada pelo respeito às liberdades civis, o lado ocidental atraía muitos alemães orientais. Entre 1950 e 1953, 700 mil pessoas deixaram o lado comunista, fugindo pela fronteira aberta de Berlim, cidade dividida entre a zona soviética e a zona ocidental.

Para impedir esse êxodo, em 1961, os dirigentes da Alemanha Oriental suspenderam as linhas de transporte regular entre os dois lados e construíram um muro para separar as duas partes da cidade. Mais do que um muro, tratava-se de uma linha fortificada, com torres de vigilância, cercas de arame farpado e fossos difíceis de ser atravessados. Existiam apenas oito pontos de passagem, altamente controlados e vedados ao cidadão comum. Contudo, milhares de pessoas continuariam fugindo do lado oriental ainda que centenas morressem tentando, alvejadas pelos guardas.

Em 1989, depois da liberalização política de controle por parte da União Soviética e de mudanças na sua política externa, milhares de berlinenses, literalmente, derrubaram o muro. Pouco tempo depois, a própria República Democrática Alemã chegava ao fim, permitindo a reunificação do país depois de mais de 40 anos de divisão. A queda do muro transformou-se no símbolo do esgotamento do modelo de socialismo soviético, marcando simbolicamente o fim da Guerra Fria.

A CORRIDA NUCLEAR, A CORRIDA ESPACIAL E A GUERRA FRIA CULTURAL

Os principais trunfos do xadrez militar da Guerra Fria não estavam nas armas convencionais, como tanques e aviões, mas nas armas nucleares. Entre 1945 e 1949, só os Estados Unidos possuíam arsenal nuclear. Essa vantagem inicial durou pouco, pois em 1949 os soviéticos desenvolveram a bomba atômica, desencadeando uma dispendiosa "corrida armamentista" disputada pelos dois blocos, baseada na ideia de que quem tivesse mais armas convencionais e nucleares teria o poder de inibir qualquer tentativa de agressão por parte do outro lado, além de evitar que uma superpotência avançasse sobre a área de influência da outra.

Em 1952, os Estados Unidos apresentaram ao mundo uma arma ainda mais destruidora, a bomba de hidrogênio, chamada "Bomba H". No ano seguinte, os soviéticos também passaram a dispor dessa arma.

Vivia-se, então, um jogo perigoso, já que qualquer crise política periférica poderia se transformar em um conflito direto entre os dois blocos e, consequentemente, em uma guerra nuclear com resultados catastróficos para o planeta. Albert Einstein, o famoso físico que ajudara a desenvolver a primeira bomba atômica, resumiu bem o estado de ansiedade que tomou conta do mundo naqueles dias. Perguntado como seria a Terceira Guerra Mundial, ele teria dito, ironicamente: "A Terceira Guerra eu não sei como será, mas a Quarta será com paus e pedras".

Com o tempo, o clube atômico se expandiu: Inglaterra (1952), França (1960) e China (1964) também desenvolveram arsenais nucleares. Coincidentemente, esses países, além das duas superpotências, eram os membros efetivos do Conselho de Segurança da ONU, o órgão mais poderoso da entidade. Ainda durante a Guerra Fria, em 1968, foi assinado o Tratado de Não Proliferação de Armas Nucleares (TNP). Entretanto, mais do que limitar os arsenais das potências, o TNP tinha por objetivo impedir a ampliação do clube atômico, garantindo a exclusividade da posse de armas atômicas às cinco potências do Conselho de Segurança da ONU. Apesar disso, a Índia e o Paquistão desenvolveram armas atômicas a partir dos anos 1970, recusando-se a assinar o TNP.

Entre 1957 e 1975, a Guerra Fria caracterizou-se também pela "corrida espacial", que estava ligada ao desenvolvimento de tecnologias militares, como os satélites de comunicação e mísseis de longo alcance, e tinha um grande efeito de propaganda. Nesse campo, os soviéticos dispararam na frente.

Em 1957, os soviéticos puseram em órbita o primeiro satélite artificial, o Sputnik 2. No mesmo ano, enviaram ao espaço o primeiro ser vivo, a simpática cadela Laika, recrutada nas ruas de Moscou pela glória do programa espacial soviético, mas que morreu algumas horas depois do lançamento, por uma combinação de estresse com superaquecimento da cápsula. Depois de 163 dias orbitando a Terra, o Sputnik 2 explodiu ao entrar na atmosfera. De todo modo, a experiência preparou a maior glória espacial soviética: em 1961, o cosmonauta Yuri Gagarin se tornou o primeiro ser humano a viajar pelo espaço e ver o planeta Terra. Apesar da grandeza do momento, a frase que ele pronunciou ficou gravada por sua singeleza: "A Terra é azul". Gagarin teve melhor sorte que Laika, voltou vivo da sua aventura espacial e virou uma espécie de *pop star* mundial, celebrado por multidões, inclusive no mundo capitalista.

Sem querer ficar para trás, os Estados Unidos prometeram levar um homem à Lua antes do final da década de 1960. Cumprir a promessa

68 HISTÓRIA CONTEMPORÂNEA 2

era uma questão de honra. Depois de uma série de fiascos iniciais, foram desenvolvidos os Projetos Gemini e Apolo, que empregavam novas tecnologias de lançamento, propulsão e controle de trajetória da espaçonave. Em julho de 1969, a missão Apolo 11 chegou à Lua e um de seus astronautas, Neil Armstrong, tornou-se o primeiro homem a pisar o solo lunar. O evento foi transmitido ao vivo para todo o mundo, graças a satélites de comunicação colocados no espaço durante a corrida espacial. Ao pisar na Lua, as palavras de Armstrong foram mais solenes do que as de seu colega soviético: "Um pequeno passo para o homem, um grande passo para a humanidade". Apesar dessas palavras generosas, a bandeira dos Estados Unidos é que foi fincada na terra arenosa do satélite.

Em meados dos anos 1970, a corrida espacial da Guerra Fria seria interrompida por causa da crise econômica que afetou o capitalismo e a própria URSS. Os orçamentos de ambos os blocos já não permitiam essas belas e loucas aventuras.

Nas áreas das artes e das ciências humanas, a disputa entre os dois blocos também foi intensa, no que historiadores chamaram de "Guerra Fria Cultural". Para aglutinar os intelectuais militantes dos PCs e simpatizantes da causa comunista, os soviéticos organizaram o Conselho Mundial da Paz, uma associação internacional de intelectuais, artistas e escritores críticos do imperialismo e do capitalismo. O tema da "paz mundial" foi escolhido como o signo da campanha cultural comunista. A Guerra da Coreia (iniciada em 1950 com o avanço das tropas comunistas do norte sobre o sul do país dividido após o fim da ocupação japonesa) e a ameaça de uma Terceira Guerra Mundial por conta da intervenção americana no conflito fizeram com que esse movimento pela paz mundial se ampliasse em várias nações. Mas o clima de perseguição a dissidentes, o excesso de controle da cultura e a imposição da estética oficial (conhecida genericamente como "realismo socialista") pelos partidos comunistas acabaram desgastando a imagem dos comunistas junto a muitos artistas e intelectuais ocidentais, mesmo os que não eram necessariamente "de direita".

Em 1950, em Berlim Ocidental foi fundado o Congresso pela Liberdade da Cultura (CLC), que agregou centenas de artistas e intelectuais anticomunistas ou mesmo esquerdistas críticos ao stalinismo, e que esteve ativo em 35 países. Nesse caso, o tema era mais a "liberdade de expressão" do que a "paz". Em resposta à censura e ao controle partidário dos debates e da produção cultural e artística pelos partidos comunistas no poder em vários

"A ERA ATÔMICA" 69

países, o CLC pretendia promover a liberdade de pensamento, de debate e de criação como um valor do mundo ocidental. Em 1966, surgiu um escândalo: o jornal *The New York Times* revelou que as atividades do CLC eram financiadas secretamente pela CIA, a agência de espionagem norte-americana, também envolvida em assassinatos e golpes de Estado. O choque foi geral, pois muitos intelectuais de esquerda, não comunistas, mas críticos da direita, do imperialismo norte-americano e do capitalismo, tinham sido financiados pela CIA sem desconfiarem, através de bolsas de estudo e auxílios, o que, no mínimo, significava um problema ético, além de uma contradição ideológica.

O domínio da bomba nuclear pelos soviéticos, a Revolução Chinesa e a Guerra da Coreia estimularam a paranoia anticomunista nos Estados Unidos diante da chamada "ameaça vermelha" (*red scare*). Nessa época, a elite política e a mídia conservadora passaram a qualificar todo simpatizante ou militante de esquerda como "um agente a serviço de Moscou e de Stalin". Desde 1947, o conservadorismo fortalecia-se nos Estados Unidos, ameaçando o lugar privilegiado que as liberdades civis (de opinião, de reunião e de ir e vir) tinham na democracia americana: os sindicatos tiveram sua autonomia restringida e o direito de greve foi limitado pela Lei Taft-Hartley. Outra lei determinou que todas as organizações políticas e culturais de esquerda fossem registradas, a fim de facilitar sua fiscalização. O auge da paranoia persecutória ocorreu com as intimações para que funcionários públicos, sindicalistas, cientistas, artistas e intelectuais suspeitos de "atividades antiamericanas" prestassem depoimentos às comissões de investigação do Congresso. Um casal de simpatizantes comunistas – Julius e Ethel Rosenberg – acabou sendo preso sob alegação de espionagem nuclear pró-Moscou. O caso mobilizou a opinião pública internacional, com muitos defendendo a inocência dos prisioneiros, mas a sentença foi implacável: o casal foi executado na cadeira elétrica em 1953. No mesmo ano, o senador republicano Joseph McCarthy presidiu um comitê de segurança interna no Congresso dos Estados Unidos, organizado para investigar supostas "atividades antiamericanas". Foi o auge de um processo de perseguição a comunistas e esquerdistas no país, conhecido como "caça às bruxas" ou ainda como "macartismo". Os interrogatórios do comitê não tinham como base nenhuma acusação objetiva de desrespeito às leis do país, mas questionavam valores e preferências ideológicas dos indivíduos. A simples suspeita de simpatia pelo comunismo, mesmo que o acusado não fosse condenado e preso, ocasionava a perda do emprego e, em caso de estrangeiro, sua deportação.

70 HISTÓRIA CONTEMPORÂNEA 2

A perseguição por motivos ideológicos chegou a abalar a indústria cinematográfica norte-americana, cujo epicentro se encontrava em Hollywood, Califórnia, em um dos episódios mais sombrios da Guerra Fria Cultural. A indústria cinematográfica, fundamental para a propaganda de massa, sempre esteve aberta ao clima ideológico e político predominante nos Estados Unidos. Durante a Segunda Guerra Mundial, quando o país lutava ao lado da União Soviética contra o nazifascismo, vários filmes simpáticos aos aliados comunistas haviam sido feitos estimulados pelo governo como parte do esforço de guerra, a exemplo da película *Missão em Moscou* (1943). Com o início da Guerra Fria, as coisas mudaram. Muitos roteiristas, atores e diretores passaram a ser perseguidos e perderam seus empregos acusados de serem comunistas ou simpatizantes do comunismo, entrando para uma ameaçadora "lista negra" que continha mais de 300 nomes. Os principais estúdios passaram, então, a produzir filmes anticomunistas e antissoviéticos, tais como *A ameaça vermelha* e *Casei-me com um comunista*, ambos de 1949.

No final dos anos 1950, a perseguição macartista refluiu ao mesmo tempo que a União Soviética fez sua crítica oficial do stalinismo algum tempo após a morte do ditador, que faleceu em 1953. A Guerra Fria Cultural foi se esvaziando. Além disso, na década de 1960, uma vigorosa contestação cultural, disseminada entre jovens do mundo todo, passou a questionar tanto os valores ocidentais, liberais e cristãos, quanto o dogmatismo ideológico, cultural e estético imposto ao mundo soviético.

URSS: O "DEGELO" E A COEXISTÊNCIA PACÍFICA

Após a morte de Josef Stalin, em 1953, houve mudanças tanto na política interna da União Soviética, como nas suas relações com o Ocidente capitalista. Depois de um breve vazio de poder, que durou cerca de dois anos, Nikita Kruschev firmou-se como o novo dirigente máximo do país.

No cenário político que se abriu, os novos líderes soviéticos prometeram mudanças também na vida social, com o aumento da produção de bens de consumo, a melhoria na condição dos camponeses das cooperativas e o abrandamento das perseguições políticas a opositores e dissidentes da linha oficial do Partido Comunista. Tinha início o período conhecido como "degelo", marcado por certo alívio do rígido controle policial da sociedade implantado por Stalin.

A morte de Stalin deixou simbolicamente órfãos milhões de comunistas pelo mundo afora que o cultuavam como o "Guia Genial dos Povos".

Contudo, as revelações a seu respeito, que vieram à tona em 1956, causaram ainda mais comoção. Naquele ano, durante o XX Congresso do Partido Comunista da União Soviética, no decorrer de seu discurso, Kruchev apresentou um relatório reservado, descrevendo os crimes cometidos durante o período stalinista (1927-1953) e criticando o culto à personalidade de Stalin. Oficialmente, foram reconhecidos os assassinatos de milhares de membros do Partido mediante denúncias sem fundamento, incluindo a morte de líderes bolcheviques que haviam participado da Revolução de 1917. Além disso, Kruchev criticou a excessiva centralização política na figura do ditador (e seu círculo pessoal) e admitiu erros cometidos pelo governo durante a condução da guerra contra os nazistas. Kruchev não queria se afastar do modelo político bolchevique estabelecido por Lenin, tampouco instaurar uma democracia de tipo liberal, mas se afirmar perante o Partido como um líder de novo tipo, que abrandaria o estado policial e restabeleceria o livre debate de ideias, desde que dentro das estruturas partidárias.

O relatório, apesar de reservado, acabou circulando pelo mundo, provocando debates, dissidências e desilusões para aqueles que ainda achavam que os "crimes de Stalin" eram mera propaganda capitalista. A denúncia desses crimes feita por um alto dirigente comunista em um evento oficial do PC soviético causou profundo impacto nos partidos comunistas de todo o mundo que eram influenciados por Moscou, sobretudo entre intelectuais simpatizantes ou militantes do comunismo. Até então, muitos comunistas e simpatizantes minimizavam os "crimes de Stalin", reputando-os à propaganda anticomunista. A versão integral do discurso no XX Congresso, no entanto, só seria publicada por um órgão oficial do Partido em 1989.

Além de promover a "desestalinização" da política interna, Kruchev adotou uma nova linha para a política externa soviética. Ao contrário da ênfase dada por Stalin, sobretudo nos anos finais do seu governo, ao confronto com o Ocidente e ao fortalecimento de países satélites na Europa Oriental, Kruchev percebeu novas oportunidades em um mundo em mudança. Na relação com o Ocidente, propôs uma "coexistência pacífica" com o bloco adversário, para evitar uma catástrofe nuclear, abrandar a corrida armamentista e poder direcionar investimentos para a indústria de bens de consumo. Contudo, apesar dessa nova diretriz, a relação entre os dois blocos continuaria tensa por um bom tempo, pois Kruchev se aproximou do chamado Terceiro Mundo e dos países em processos de descolonização, dando apoio soviético a movimentos anti-imperialistas ou pela libertação nacional de colônias na África, no Oriente Médio e, de maneira mais discreta e em menor grau, na América Latina, tradicional área de influência estadunidense.

Conforme as novas diretrizes do XX Congresso do Partido Comunista da União Soviética (PCUS), Moscou prometia aos países do bloco socialista respeitar as "vias nacionais para o socialismo", desde que isso não significasse rompimento com a política externa soviética e com o Pacto de Varsóvia, nem a volta do capitalismo. O fim do stalinismo e as promessas de liberalização política e econômica incentivaram movimentos reformadores nos países submetidos à influência soviética no Leste Europeu. Em muitos casos, movimentos reformadores de "desestalinização" nos países da Europa Oriental acabaram desembocando em revoltas antissoviéticas. Foi o que ocorreu na Polônia e na Hungria em 1956. No caso húngaro, para conter a revolta, tropas soviéticas realizaram uma violenta intervenção, deixando claros os limites da política do "degelo".

Além disso, a política de "coexistência pacífica" com os Estados Unidos também revelaria seus limites, sobretudo depois da Revolução Cubana (ver capítulo seguinte). Cuba, praticamente um protetorado estadunidense desde o final do século XIX, realizou em 1959 uma grande revolução popular, sob a liderança de Fidel Castro. Inicialmente, tratava-se de uma revolução democrática e nacionalista, que desejava maior independência de Cuba em relação aos Estados Unidos. Mas, por volta de 1961, o governo cubano, percebendo-se isolado e ameaçado pela vontade imperial estadunidense, aproximou-se da União Soviética, modificando toda a dinâmica da Guerra Fria na América Latina.

Sob o ponto de vista americano, se a "coexistência pacífica" com uma ilha comunista a 120 quilômetros de Miami era improvável desde o início, as coisas pioraram ainda mais em outubro de 1962, com a chamada Crise dos Mísseis. Esse foi o momento mais tenso da Guerra Fria, com o mundo assistindo à possibilidade real de um conflito direto entre as duas superpotências, com resultados imprevisíveis.

Tudo começou em julho de 1962, quando teve início em Cuba a Operação Anadyr, o desembarque de milhares de soldados soviéticos, além de muitos tanques e aviões, com o objetivo de instalar mísseis com ogiva nuclear na ilha. A operação não passou despercebida aos americanos. Os Estados Unidos armaram, então, um bloqueio naval a Cuba e exigiram a pronta retirada dessas armas. Ao longo do mês de outubro, ocorreram tensas negociações entre os líderes John Kennedy, presidente dos Estados Unidos desde o ano anterior, e o dirigente soviético, Nikita Kruschev. Ao final, eles chegaram a um acordo: o governo soviético retirou os mísseis do território cubano e os Estados Unidos fizeram o mesmo com os seus na Turquia, assegurando, também, que não mais atacariam Cuba para derrubar Fidel Castro.

O episódio deixou claro para uma parte dos dirigentes partidários soviéticos que a política externa defendida por Kruchev se distanciava da tradicional ênfase na defesa do território soviético, tentando "exportar" os ideais revolucionários além do limite da segurança diplomática. Para eles, Kruchev confrontava perigosamente o bloco capitalista ao procurar estender a influência soviética em zonas periféricas do mundo, expondo demais o país a conflitos diretos com os Estados Unidos ou com potências aliadas dos americanos, como Inglaterra e França. A Crise dos Mísseis, que quase colocou a União Soviética em guerra direta com os Estados Unidos por uma pequena ilha do Caribe, foi a gota d'água para os dirigentes que não gostavam do estilo de Kruschev. Em 1964, desgastado politicamente, Kruschev foi destituído pela burocracia partidária e, em seu lugar, como secretário-geral do Partido Comunista da União Soviética, assumiu Leonid Brejnev. O novo grupo no poder retomou, com os países capitalistas, a política oficial de crítica e de tensão, devidamente controlada e protocolar, e impôs maior controle aos países satélites do Leste Europeu.

A partir daí, a Guerra Fria foi se tornando cada vez mais "fria", mantendo-se dentro dos limites dos conflitos diplomáticos sem grandes consequências e de uma geopolítica previsível entre as duas superpotências. Um bloco continuava a criticar o outro, mas evitava interferir diretamente nas zonas de influência do opositor. Na prática, isso significava que o chamado Hemisfério Ocidental (América Latina, América do Norte, Europa Ocidental) era reconhecidamente zona de influência estadunidense, e o Leste Europeu era, incontestavelmente, uma zona de influência soviética. Contudo, a África, em processo de descolonização, era um jogo aberto. Nesse caso, desde que não houvesse intervenção militar direta das potências, elas poderiam apoiar conforme seus interesses os diversos movimentos de libertação nacional que pululavam no continente. Já o Oriente Médio, por envolver produção e fluxo de petróleo para a Europa Ocidental, era uma região mais complicada para o xadrez da Guerra Fria (ver capítulo seguinte).

No Extremo Oriente, na Ásia, igualmente em processo de descolonização, os norte-americanos faziam questão de manter uma política de intervenção militar direta, sobretudo para garantir o controle do oceano Pacífico, considerado estratégico para a segurança e os negócios dos Estados Unidos. Os americanos mantinham tropas no Japão, nas Filipinas e em várias ilhas do Pacífico. Nessa região, os soviéticos procuravam ser mais discretos.

Entre 1910 e 1945, a Coreia fora dominada pelos japoneses. No fim da guerra, os soviéticos haviam ocupado o norte, e os americanos, a parte sul da península coreana. Enquanto ocorriam as negociações para unificar a Coreia, conflitos fronteiriços faziam crescer a tensão política por lá, até que, em junho de 1950, tropas da Coreia do Norte invadiram a Coreia do Sul. O que parecia uma guerra civil entre coreanos divididos por questões ideológicas seria transformado no primeiro conflito armado internacional da Guerra Fria. Com o objetivo de repelir a invasão dos comunistas no território sob seu controle, os Estados Unidos, com a aprovação do Conselho de Segurança da ONU, organizaram e lideraram tropas de 15 países numa intervenção militar. Depois de dois anos de impasses militares, sem nenhum dos lados avançar significativamente, um armistício, em 1953, interrompeu os combates e a divisão do território coreano se manteve. A Coreia do Norte, inicialmente com ajuda soviética e depois chinesa, manteria o regime socialista de partido único. A Coreia do Sul, com a ajuda dos Estados Unidos, investiria na industrialização e na exportação, integrando-se ao capitalismo mundial e tornando-se uma potência econômica global a partir dos anos 1980. Porém, apesar da retórica de defesa da "democracia" e da "liberdade", que havia justificado a intervenção dos Estados Unidos (o exército nacional coreano era comandado diretamente pelos Estados Unidos desde a Guerra da Coreia), o regime político da Coreia do Sul foi marcado por governos autoritários e ditaduras militares até o final dos anos 1980. O regime comunista na Coreia do Norte investiu na indústria bélica e desenvolveu um programa para produzir bombas nucleares, sem se deter diante do evidente empobrecimento da população ou da crise do socialismo soviético nos anos 1990. Essa indústria bélica e suas frequentes demonstrações de força são motivos de tensão até hoje com a Coreia do Sul e seus apoiadores. Naquela pequena península asiática, a Guerra Fria ainda não acabou, em pleno século XXI.

Foi também na Ásia que surgiu uma nova potência comunista, disposta a quebrar a bipolaridade da Guerra Fria: a China. O país mais populoso do mundo, com tradições milenares, humilhado pelas potências ocidentais no século XIX, atacado pelo Império do Japão na primeira metade do século XX, não estava disposto a continuar como mera zona de influência de outros países, capitalistas ou comunistas.

"A ERA ATÔMICA" **75**

GUERRA E REVOLUÇÃO NA CHINA

A Revolução Chinesa, que triunfou em 1949 e fez com que o país aderisse ao comunismo, teve uma longa história.

Em 1905, um médico de origem modesta chamado Sun Yat-sen fundou o grupo republicano Liga Revolucionária. Essa organização conseguiu insuflar uma rebelião popular que, aliada a setores militares, derrubou a dinastia Qing em 1911, encerrando uma tradição monárquica milenar. Sun Yat-sen foi nomeado presidente da República, mas em pouco tempo perdeu espaço para um grupo de latifundiários, que reagiu e se impôs politicamente. Comandado por Yuan Shikai, que se tornou presidente em 1913, instalou uma ditadura militar no país com o apoio das potências estrangeiras. Com isso, foram abortadas as reformas sociais e políticas defendidas pela Liga Revolucionária. Mesmo no exílio, Sun Yat-sen não desistiu de lutar e passou a conspirar contra a república conservadora. Sun Yat-sen foi um dos principais fundadores do Kuomintang (Partido Nacional do Povo), que fundamentava sua proposta em três princípios: o nacionalismo (luta contra a dominação estrangeira), a distribuição de terras para os camponeses e a modernização industrial. Partidários do Kuomintang conseguiram tomar o poder no sul da China, em Cantão, e enfrentaram a resistência dos "senhores da guerra", latifundiários que dominavam a região norte e detinham mais de 80% das terras produtivas. A China ficou dividida em dois Estados até 1928, quando os nacionalistas do Kuomintang conseguiram reunificar o país.

Em 1921, uma nova força política inspirada na Revolução Russa emergiu na China: o Partido Comunista Chinês (PCCh). Fundado por jovens intelectuais e estudantes, o PCCh logo conseguiu criar bases operárias. Contudo, sua principal força passou a ser o campesinato, mesmo que essa camada social não fosse vista como "efetivamente revolucionária" por alguns dirigentes do partido por ser favorável à posse da terra. Para eles, a revolução deveria ser dirigida pelo operariado urbano, conforme a doutrina marxista-leninista. Um dos poucos líderes do partido a insistir na criação de uma sólida base camponesa foi Mao Tsé-tung.

O Kuomintang e o PCCh uniram-se em 1924 para combater o poder dos "senhores da guerra" do norte e reunificar o país, na chamada Primeira Frente Unida. Com a morte de Sun Yat-sen, em março de 1925, o Kuomintang foi dominado por setores abertamente anticomunistas, liderados pelo general Chiang Kai-shek. Em 1927, quando os "senhores da guerra" do norte já estavam praticamente derrotados, Chiang Kai-shek reforçou seu poder pessoal e passou a combater os comunistas, seus antigos aliados. A partir de então, os "nacionalistas" (do Kuomintang) se aproximaram cada vez mais de setores conservadores, grandes proprietários chineses, banqueiros e grupos econômicos estrangeiros.

Com o avanço da invasão japonesa na região da Manchúria, em 1931, os comunistas perceberam que a dominação imperial do Japão significaria o fim da China como nação independente. Em razão disso, propuseram uma nova aliança com os "nacionalistas". Mas estes preferiram manter sua política de "cerco e aniquilamento" dos comunistas, perseguindo-os em seus redutos mais distantes.

Em 1934, os sobreviventes das guerrilhas comunistas iniciaram uma retirada estratégica para as áreas mais distantes ainda controladas pelo PCCh, na província de Shaanxi, longe dos ataques do Exército nacional regular. Essa manobra ficaria conhecida como a Longa Marcha, durante a qual se consolidou a liderança política e militar de Mao Tsé-tung.

Somente em 1937, quando as tropas japonesas quiseram ampliar seu domínio na Manchúria, os nacionalistas voltaram a se aliar com os comunistas contra o inimigo comum. Os comunistas sabiam que a luta contra o Japão em defesa da China seria importante para consolidar o prestígio do PCCh na sociedade e ampliar seus adeptos na sociedade chinesa. A defesa da unidade nacional, da paz e da democracia popular angariava muita simpatia entre vários setores da população.

Com a derrota do exército japonês, recomeçou a disputa entre os nacionalistas e os comunistas. Os comunistas agora estavam mais fortes, contavam com 900 mil filiados ao partido e mais de 3 milhões de combatentes, além de controlarem áreas com 100 milhões de habitantes. Em junho de 1946, recomeçou o confronto aberto entre o Exército Nacional e o Exército Popular de Libertação, novo nome do Exército Vermelho chinês. Consolidados nas áreas rurais sob sua influência, o Exército Popular e o PCCh começaram uma reforma agrária contra as grandes propriedades, distribuindo terras aos camponeses miseráveis, mas mantendo o direito de propriedade particular (ou seja, o pequeno camponês beneficiado pela reforma agrária passava a ser dono da terra recebida). Enquanto isso, o governo regular do Kuomintang não conseguia resolver a crise econômica que assolava as cidades, com desemprego, falências empresariais e inflação.

A partir de 1947, as cidades chinesas começaram a ser palco de grandes manifestações, sobretudo estudantis, que apoiavam o programa político dos comunistas e exigiam o fim da guerra entre nacionalistas e comunistas.

Em 1949, os comunistas tomaram Pequim, fundando a República Popular da China. Os nacionalistas, em retirada, refugiaram-se na ilha de Formosa (atual Taiwan), onde fundaram a República da China, governada por Chiang Kai-shek. Até hoje, o governo chinês considera Taiwan uma "província rebelde".

A CONSTRUÇÃO DO SOCIALISMO NA CHINA

Em um primeiro momento, nenhuma nação ocidental reconheceu o novo governo comunista chinês. Os Estados Unidos impediram o reconhecimento do governo chinês na ONU, apostando no isolamento e no bloqueio econômico para sufocar a Revolução Comunista.

Contudo, com o apoio da União Soviética, parte da rede de ensino, do parque industrial e da infraestrutura básica afetada pelos conflitos foi reconstruída. Entretanto, a pobreza ainda era grande na China e a produção agrícola não bastava para abastecer as cidades. Assim, mesmo depois do triunfo da revolução, trabalhadores urbanos continuavam a realizar greves por melhores salários e condições de emprego.

Após quase uma década, em 1958, Mao Tsé-tung apresentou uma proposta, conhecida como o Grande Salto para Frente, que visava tirar o país da paralisia política e econômica. Seu objetivo era, mesmo com a falta de capital e de técnicos, fortalecer a indústria e eliminar a propriedade privada no campo. O governo fez um apelo ao trabalho adicional voluntário nas fábricas (que passaram a ser dirigidas por membros do Partido que exerciam grande pressão sobre os trabalhadores) e radicalizou a reforma agrária, com o estabelecimento de comunas agrícolas sob rígido controle do Estado.

Essas ações, entretanto, não deram resultados positivos. A agricultura e a indústria passaram por uma grave crise. Entre 1958 e 1961, a chamada Grande Fome vitimou milhões de chineses, mortos por inanição. A China só se recuperaria com a Política do Reajustamento, quando, a partir de 1961, foi permitido aos camponeses readquirir a posse da terra e vender seus excedentes para o Estado; uma certa autonomia nas comunidades agrícolas foi restaurada.

Externamente, a China começou a entrar em conflito com a União Soviética já a partir do final dos anos 1950. As razões foram velhas disputas fronteiriças, além de diferenças ideológicas crescentes entre o Partido Comunista Chinês e o Partido Comunista da União Soviética. Este, desde 1956, sob a liderança de Nikita Kruchev, passava por uma fase de desestalinização, defendendo abertamente a tese da "coexistência pacífica" com as potências capitalistas. Os chineses, isolados pela diplomacia ocidental, rejeitavam essa política.

O rompimento entre os dois países oficializou-se em 1959, dividindo vários partidos comunistas do mundo entre a "linha maoista" e a fidelidade às "diretrizes de Moscou". Para os simpatizantes maoistas, a revolução popular deveria ser feita por um exército camponês, a partir do estabelecimento de "zonas liberadas" no campo e o consequente cerco das cidades, até a tomada final do poder. Já para os simpatizantes dos soviéticos, o modelo de revolução deveria ter como agente principal a classe operária urbana, em aliança com outros grupos nacionalistas e membros de outras classes sociais. Na China, de "exemplo para o povo chinês", como se via nos cartazes pelas ruas de Pequim no começo dos anos 1950, os soviéticos se transformaram em "inimigos revisionistas".

Contudo, nessa época, o Partido Comunista Chinês também estava dividido internamente. No começo da década de 1960, a liderança de Mao Tsé-tung era cada vez mais questionada, sobretudo após o fracasso do seu Grande Salto. Uma corrente partidária liderada por Chu En-Lai defendia a modernização econômica conduzida pelo Estado, entendendo a construção do socialismo não como uma questão de "vontade popular" e "força moral" das lideranças, mas como um processo de desenvolvimento econômico estrutural e objetivo. Perdendo prestígio e poder, Mao Tsé-tung reagiu com uma nova campanha: a Revolução Cultural proletária. Essa estratégia reforçou o poder de Mao no Partido Comunista Chinês, porque fez com que seus opositores tidos como inimigos do comunismo fossem reprimidos.

A REVOLUÇÃO CULTURAL CHINESA

Em 1966, Mao conclamou os defensores da revolução a acabar com os resquícios de "vida burguesa", de "cultura ocidental" e das "hierarquias da velha China", e propiciar uma "pureza revolucionária" por meio de uma "revolução permanente". Atendendo a esse apelo, as milícias da Guarda Vermelha, formada por jovens estudantes comunistas radicais (apoiados por setores do Exército), passaram a perseguir líderes políticos, religiosos, professores, intelectuais, técnicos e cientistas identificados com os supostos "costumes burgueses". Essas milícias diziam lutar contra os "Quatro Velhos": velhos costumes, velha cultura, velhas ideias, velhos hábitos, entre os quais estavam as diretrizes da própria União Soviética, considerada uma sociedade burocrática, hierárquica e enrijecida, que tinha cedido nas negociações com o Ocidente.

Na perseguição a tudo que era considerado velho e antirrevolucionário, símbolos da China antiga, como o cemitério onde Confúcio e seus discípulos estavam enterrados, foram atacados. Livros foram queimados, instrumentos e obras musicais considerados "ocidentais" (como as de Mozart) e "símbolos da cultura burguesa decadente" (como o violino!) foram proibidos. Nesse processo, inclusive os antigos revolucionários que haviam participado das lutas contra os nacionalistas de direita e os invasores japoneses foram tidos como "traidores da Revolução". O trabalho braçal e a "vida camponesa" (ou o que os líderes maoistas concebiam como tal) foram tomados como modelo de sociedade comunista, e muitos intelectuais e professores foram enviados à força para o campo, para "aprender a serem camponeses", ou para as fábricas, para realizarem trabalhos típicos de operários. Nessa época, era comum que professores, intelectuais e artistas fossem humilhados em público, agredidos pelos paramilitares da Guarda Vermelha, enquanto outros eram induzidos ao suicídio. Templos, igrejas, monumentos históricos chegaram a ser fechados ou destruídos.

Não por acaso, a Revolução Cultural Chinesa foi vista com entusiasmo por setores mais radicais do movimento estudantil da Europa Ocidental. Para eles, o movimento da Guarda Vermelha parecia ser um novo alento para a revolução socialista no mundo, contra o envelhecimento e a burocratização dos partidos comunistas europeus que, segundo pensavam, estavam mais preocupados em participar do jogo eleitoral e em ganhar votos para os parlamentos do que em mudar de fato a sociedade.

> Na tentativa de "purificar o comunismo" dos privilégios partidários que caracterizavam o modelo soviético, os militantes chineses se propunham a suprimir as hierarquias, mas, na verdade, a Revolução Cultural aumentou o culto à personalidade de Mao Tsé-tung e seu poder pessoal. O *Livro Vermelho*, uma coletânea de pensamentos, citações e frases feitas do líder revolucionário, tornou-se um guia incontestável para a ação dos revolucionários.

Contudo, com o passar do tempo, a luta partidária dividiu a Guarda Vermelha e a opôs ao Exército Popular de Libertação, ameaçando levar o país a uma nova guerra civil, dessa vez entre comunistas pragmáticos, que passaram a controlar o Exército, e maoistas radicais da Guarda Vermelha. Nesse contexto, o próprio líder máximo começou a ficar preocupado com a possibilidade de desestabilização do regime, destruição completa das hierarquias e caos social produzido por diversos comitês locais ligados a estudantes e demais jovens radicalizados. Assim, em 1968, a Guarda Vermelha foi dissolvida e a Revolução Cultural arrefeceu. E, com a morte de Mao Tsé-tung, em 1976, o movimento foi oficialmente encerrado e seus principais líderes presos, pois, nessa época, uma corrente mais moderada e pragmática havia se afirmado na liderança do Partido Comunista Chinês.

Com o arrefecimento da Revolução Cultural, antes mesmo da morte de Mao Tsé-tung, a China começou a sair do isolacionismo diplomático e iniciou conversações com as potências ocidentais, a começar pelos Estados Unidos, visando à sua legitimação pela comunidade internacional. Em 1971, a China foi finalmente aceita como membro da ONU, com direito a assento permanente no Conselho de Segurança da entidade. Para a diplomacia norte-americana, era uma forma de explorar as divisões do mundo comunista, pois a China tinha conflitos ideológicos e geopolíticos com a União Soviética, principal adversária dos Estados Unidos.

Quando os veteranos e as lideranças moderadas voltaram a controlar o Partido Comunista Chinês e o Estado, eles mantiveram o culto a Mao (agora não mais uma ameaça) como fundador da República Popular da China, mas imprimiram outro estilo político e administrativo ao país. A política das Quatro Modernizações (científica, militar, agrícola e industrial) passou a ser implementada a partir de 1978, sob a liderança de Deng Xiaoping. Pela nova política, o Estado manteria o controle da economia, com o planejamento e a administração direta de setores estratégicos. Ao mesmo tempo, a China tentava se adequar às regras do mercado e atrair investimentos estrangeiros, preparando, enfim, seu grande salto como potência econômica no final do século XX. Esse processo de reformas culminaria em um modelo econômico denominado de "socialismo de mercado", uma expressão carregada de contradições.

* * *

Os conflitos diretos entre as superpotências, Estados Unidos e União Soviética, entraram em uma fase de acomodação a partir de meados dos anos 1960, mantendo-se assim até o fim da Guerra Fria, com a dissolução da União Soviética em 1991 (ver capítulo "Do 'fim dos 30 gloriosos' à Terceira Revolução Industrial: rumo à globalização"). Paralelamente, a bipolarização da geopolítica mundial foi abalada pela emergência da República Popular da China, pois, ainda que isolada diplomaticamente até os anos 1970, a China teve influência sobre muitos movimentos revolucionários ao redor do mundo. Entretanto, nas zonas subdesenvolvidas, coloniais ou em processo de descolonização, a Guerra Fria se materializou em conflitos políticos e militares altamente complexos, sobretudo a partir da emergência do Terceiro Mundo como conceito geopolítico. Nessas regiões, antigos conflitos sociais, novas ideologias e sonhos de autonomia nacional na direção de um progresso humano e material se misturaram com interesses imperiais renovados e conflitos entre as superpotências e seus blocos, como veremos no próximo capítulo.

Mapa 2 – O mundo bipolar da Guerra Fria (1980)

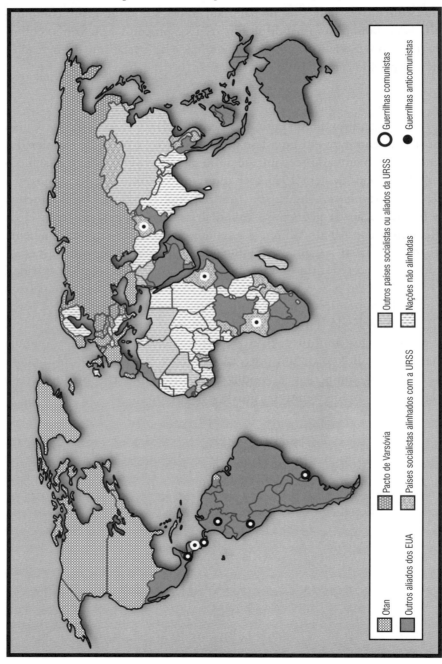

LEITURAS COMPLEMENTARES

GADDIS, John Lewis. *História da Guerra Fria*. Rio de Janeiro: Nova Fronteira, 2006.
JUDT, Tony. *Pós-guerra*: uma História da Europa desde 1945. Rio de Janeiro: Objetiva, 2008.
MUNHOZ, Sidnei J. Guerra Fria: um debate interpretativo. In: TEIXEIRA DA SILVA, Francisco Carlos. *O século sombrio*. Rio de Janeiro: Elsevier/Campus, 2004.
_____. Doutrina Truman. In: SILVA, Francisco et al. (eds.). *Enciclopédia de guerras e revoluções*: época da Guerra Fria (1945-1991) e da nova ordem mundial. Rio de Janeiro: Elsevier, 2015, v. 3, p. 164-5.
POMAR, Wladimir. *A Revolução Chinesa*. São Paulo: Ed. Unesp, 2009.

SUGESTÕES DE FILMES DE FICÇÃO E DOCUMENTÁRIOS

Dr. Fantástico (*Dr. Strangelove: Or How I Learned to Stop Worrying and Love the Bomb*), Stanley Kubrick, Inglaterra, 1964.
Comédia satírica sobre a Guerra Fria, a paranoia anticomunista e a possibilidade de uma guerra nuclear.

Memórias do subdesenvolvimento (*Memorias del subdesarrollo*), Tomás Gutierrez Alea, Cuba, 1968.
Clássico do cinema latino-americano, mostra a Revolução Cubana a partir das reflexões críticas de um membro da elite que não tem mais lugar na nova sociedade.

Café atômico (*Atomic Café*), Jayne Loader, Kevin Rafferty e Pierce Rafferty, EUA, 1982.
Narrado em tom de videoclipe, este documentário mostra as neuroses e as tensões sociais causadas pelo anticomunismo e pelo "terror atômico" nos anos 1950 e 1960.

"O Terceiro Mundo vai explodir": a descolonização e a luta pela autonomia nacional

A DESCOLONIZAÇÃO E SEUS MÚLTIPLOS FATORES

Entre 1947 e 1962, os grandes impérios coloniais construídos pelas potências europeias ao longo do século XIX entraram em uma crise terminal. A partir de sua desestruturação, dezenas de novos países acabariam sendo criados. Isso não quer dizer que o mundo deixaria de ser desigual economicamente, que o racismo contra determinados povos deixaria de existir ou que todos os países passariam a ter a mesma voz no cenário internacional. Tampouco o processo de descolonização de territórios asiáticos ou africanos foi isento de graves conflitos internos, muitas vezes culminando em longas e sangrentas guerras civis. Em muitos casos, sobretudo na África Subsaariana (também conhecida como África Negra), o desenho das fronteiras nacionais de cada novo país que surgia ao final do processo de descolonização não coincidia com as fronteiras étnicas tradicionais reconhecidas pelos vários povos africanos para trocas comerciais e acordos políticos sobre os direitos a um determinado território. Além disso, em muitos casos, as novas elites nacionais acabavam sendo compostas por nativos que, formados em universidades das antigas metrópoles, haviam absorvido conceitos, valores e ideologias do mundo ocidental. Assim, seu modo de pensar, ainda que marcado por sua cultura original, nem sempre coincidia com os valores e os modos de vida cotidianos da maior parte da população.

O processo de descolonização deve ser compreendido como uma combinação da resistência dos povos colonizados, que nunca deixou de existir mesmo quando pareciam conformados e vencidos pelos colonizadores, com a decadência política e econômica das metrópoles. Esse processo de decadência se acelerou após a Segunda Guerra Mundial, que arrasara economicamente os países europeus, obrigando-os a se empenhar prioritariamente em sua reconstrução. Entretanto, no imediato pós-guerra, as principais potências coloniais (Inglaterra, França, Holanda) não renunciaram aos seus territórios africanos e asiáticos de maneira pacífica e negociada. As burguesias metropolitanas, com grande influência nos seus respectivos governos, viam as colônias como um mercado garantido, do qual não queriam abrir mão, já que o chamado "exclusivo colonial" obrigava a colônia a negociar a compra e a venda de produtos apenas com a sua metrópole. Mesmo com a queda no comércio no pós-guerra, a balança comercial continuava muito favorável às metrópoles. Outro fator que contribuía para que as metrópoles fizessem questão de manter suas colônias eram os bolsões de emigrados da Europa, que há várias gerações tinham se estabelecido nos territórios coloniais, e se julgavam a elite local "racialmente superior" aos nativos, por serem brancos, com direito a explorar as melhores terras e a dispor da mão de obra barata dos colonizados vistos como "inferiores". Na Argélia, colônia francesa desde a década de 1830, e nas colônias portuguesas de Angola e Moçambique, na África, esses grupos eram particularmente influentes na política metropolitana.

Por outro lado, no contexto da Guerra Fria, as duas superpotências eram favoráveis à descolonização. Os Estados Unidos defendiam um mundo organizado pelo livre comércio, que lhes abriria a porta de inúmeros mercados (até então fechados) para sua indústria e seus capitais. Embora esse princípio se chocasse com os interesses dos seus aliados, principalmente os ingleses, que tinham um enorme império colonial de comércio exclusivo, os americanos apoiaram a independência formal de muitos países, sobretudo na Ásia.

Desde o século XIX, os Estados Unidos adotavam outro estilo de imperialismo, que prescindia do domínio administrativo e político direto, como era comum no imperialismo europeu, preferindo apoiar governos locais convencidos a favorecer os interesses estadunidenses pela força do dólar ou, em último caso, das armas. Esse estilo de imperialismo permitia formalmente a constituição de governos locais independentes e de tradições nacionais próprias, desde que os "interesses americanos" fossem preservados. A América Latina, por exemplo, conhecia esse imperialismo norte-americano desde o final do século XIX. Aos soviéticos, por sua vez, principalmente durante o governo de Nikita Kruchev (1955-1964), interessava expandir sua zona de influência geopolítica, diminuindo, ao mesmo tempo, a influência dos Estados Unidos e das potências da Europa Ocidental. Claro que as vantagens econômicas, principalmente por conta do intenso comércio de armas compradas pelos movimentos rebeldes e, futuramente, por novos países pós-coloniais, também seduziam os soviéticos.

O PAPEL DA ONU E A TENTATIVA
DE UMA GOVERNANÇA INTERNACIONAL

A Carta das Nações Unidas, assinada em 1945, reconhecia o direito à autonomia política dos povos que habitavam "territórios sem governo próprio", como forma de garantir a paz mundial e evitar agressões militares por parte de uma potência colonial, algo visto como uma das razões que levaram à Segunda Guerra Mundial. As metrópoles teriam a obrigação de tomar medidas para que esses direitos se efetivassem, respeitando as identidades culturais desses povos e facilitando a descolonização. A ONU assumiu a direção do processo de criação dos novos Estados no caso de territórios administrados através de mandatos, inglês ou francês, outorgados pela antiga Sociedade das Nações (Palestina, por exemplo) ou de colônias pertencentes à Itália e ao Japão, derrotados na Segunda Guerra. Já no caso das antigas colônias inglesas e francesas, a diretriz das Nações Unidas previa que a independência fosse ser negociada por etapas, diretamente com cada metrópole, o que criava maiores dificuldades para o processo.

Dois dos Estados fundadores da ONU, Egito e China, foram importantes para articular o chamado Grupo Afro-Asiático, que em 1955 reunia 23 membros. A ação desse grupo contribuiu para que a ONU fosse favorável às descolonizações ao longo dos anos 1950. Em 1956, por exemplo, quando tropas britânicas e francesas, apoiadas pelo recém-criado Estado de Israel, invadiram a zona do canal de Suez para evitar que este fosse nacionalizado pelo governo do Egito, a ONU organizou sua primeira "missão de paz" internacional, de caráter abertamente anti-imperialista, garantindo a inviolabilidade do território egípcio e a legitimidade da nacionalização do canal, rota importante do comércio entre Ásia e Europa.

Em 1960, a Assembleia Geral da ONU aprovou o documento mais importante a respeito da descolonização como princípio do direito internacional contemporâneo, reiterando a fé no progresso da humanidade baseado na autodeterminação dos povos: "[...] o processo de liberdade é irresistível e irreversível e [...], a fim de evitar crises graves, é preciso pôr fim ao colonialismo e a todas as práticas de segregação e discriminação que o acompanham" (Resolução 1.514, 16 de dezembro de 1960). No mesmo documento, o "princípio da autodeterminação dos povos" foi considerado parte dos "Direitos Humanos universais", fazendo confluir dois princípios basilares de um novo ideal de democracia e pluralismo que deveria fundamentar o mundo depois da tragédia da Segunda Guerra Mundial e evitar novos genocídios. O "crime de genocídio" foi definido pela ONU como qualquer ato cometido sistematicamente que tenha a intenção de destruir, total ou parcialmente, um grupo étnico, racial ou religioso, normalmente praticado por Estados ou grupos socialmente dominantes contra minorias. A partir da Convenção da ONU aprovada em 1948, o genocídio é passível de punição por tribunais internacionais, independentemente de onde tenha sido cometido.

Outro trabalho importante feito contra o colonialismo e o racismo etnocêntrico que o justifica foi desenvolvido pela Unesco, o braço cultural das Nações Unidas. No final de 1949, um grupo de cientistas reunidos em Paris lançou um amplo projeto de alcance mundial para fazer a crítica do "racismo científico" defendido desde meados do século XIX. O "racismo científico", com base em um discurso médico e biológico então vigente, argumentava que a desigualdade das "raças", e o consequente direito de uma "raça superior" mandar nas "inferiores", era produto da natureza. O "racismo científico" havia legitimado a tragédia do Holocausto, além de muitos outros massacres de natureza colonialista. O Projeto da Unesco procurou construir outro consenso científico mundial, que impedisse, no futuro, a vigência de paradigmas pseudocientíficos que justificassem qualquer tipo de preconceitos ou políticas de extermínio racial, elaborando documentos e pesquisas que se tornariam diretrizes educacionais e científicas para universidades, políticas científicas e políticas educacionais de vários governos. O princípio da autodeterminação dos povos, a defesa do fim do colonialismo, a tipificação do genocídio como crime internacional, a defesa dos direitos humanos, a educação voltada para a construção da democracia, da igualdade racial e da tolerância política se transformaram em valores consensuais entre as principais lideranças políticas, artísticas e intelectuais do mundo pós-guerra. Mas nem sempre eram plenamente observadas em todos os cantos do planeta. Mesmo nos países que se julgavam "civilizados", ainda havia muito preconceito, como nos Estados Unidos com suas leis segregacionistas.

Além disso, o desrespeito ao princípio da autodeterminação defendido pela ONU fez com que as lutas de independência na Ásia e na África, bem como a luta pela autonomia nacional na América Latina, fossem marcadas pela violência. Nessas disputas, entravam em conflito novas e velhas potências mundiais, bem como novas e antigas ideologias.

"BATISMOS DE SANGUE": AS INDEPENDÊNCIAS DA ÍNDIA E DA INDOCHINA

A independência da Índia britânica (1947) e a da Indochina francesa (1954) abalaram os dois maiores impérios coloniais europeus, Inglaterra e França. Esses processos, juntamente à independência da Indonésia frente aos holandeses (1950), ilustram bem a complexidade de se construir novos países a partir dos terríveis legados deixados pelos colonizadores e da permanência de muitos costumes locais arcaicos.

A luta pela independência da Índia ganhou impulso com a fundação, em 1885, do Partido do Congresso Indiano, formado por membros da elite nativa que, em muitos casos, haviam estudado em universidades inglesas e aprendido a usar a favor da causa anticolonial os princípios do direito e da filosofia ocidentais, como o "direito natural à liberdade e à não violência".

Entretanto, unificar a Índia para lutar contra o domínio inglês, que ocorria, na prática, desde o final do século XVIII, não era tarefa simples. A sociedade indiana estava dividida por um sistema rígido de castas hereditário, estabelecido por volta de 500 a.C., que definia hierarquias sociais conforme o tipo de atividade que a pessoa e sua família desempenhavam na sociedade, e que ainda excluía milhões de "párias", os "socialmente indesejáveis", de acordo com a tradição hinduísta. Além disso, os príncipes locais eram aliados dos ingleses, que lhes garantiam benefícios materiais e políticos em troca de

90 HISTÓRIA CONTEMPORÂNEA 2

fidelidade. Havia ainda na Índia significativas divisões religiosas e étnicas. Os hindus eram maioria (75% da população) em todo o "subcontinente indiano", como era chamada a parte do continente asiático ocupada pela Índia; o Partido do Congresso era sua principal representação política. Os muçulmanos eram numerosos, sobretudo, entre os párias que se identificavam com o igualitarismo defendido pela religião de Maomé.

Contudo, a partir de 1920, um líder se destacou na luta pela independência da Índia: Mohandas Gandhi (1869-1948), também conhecido como o Mahatma, o "iluminado". Ele foi o principal artífice da tática de luta conhecida como "desobediência civil", que incluía a resistência passiva e o apelo à não violência. Gandhi liderou grandes manifestações contra o domínio britânico. Ao longo dos anos, os indianos fizeram greves, marchas, boicotes a produtos ingleses e aos impostos cobrados pelo colonizador. As autoridades coloniais respondiam a essas manifestações com violência, espancamentos e prisões. Mas, a cada ato de repressão, a causa da liberdade e a legitimidade dos seus meios de luta pacíficos ganhavam mais e mais adeptos, até que a situação dos colonizadores se tornou insustentável, dando início às negociações para a independência da União Indiana, que naquele momento, além da Índia, incluía os futuros países Paquistão e Bangladesh, alcançada finalmente em agosto de 1947.

Depois da Segunda Guerra Mundial, a Inglaterra estava economicamente enfraquecida. A ascensão ao governo inglês do Partido Trabalhista – de tradições de esquerda e mais preocupado em reconstruir a economia interna do que manter as colônias distantes – facilitara as negociações.

Após a independência, a conciliação entre hindus e muçulmanos desejada por Gandhi não aconteceu. O sonho de uma convivência inter-religiosa e inter-racial pacífica dentro de uma União Indiana de modelo federal não se concretizou. O próprio Gandhi acabaria assassinado em 1948 por um extremista hindu. Os muçulmanos, sem acesso às terras mais férteis, se sentiam excluídos economicamente. E, ainda em 1947, as regiões de maioria muçulmana do antigo domínio britânico separaram-se da União Indiana e formaram um país chamado Paquistão, que se subdividia em Ocidental e Oriental. Conflitos religiosos entre hindus e muçulmanos e a violência sectária provocaram deslocamentos populacionais de massa, de um lado para outro, e causaram milhares de mortes no país recém-fundado.

* * *

A Indochina era a principal colônia da França na Ásia desde meados do século XIX, agrupando os territórios atuais do Vietnã, Camboja e Laos. Contudo, a dominação francesa, sempre questionada pelos nativos, começou a ser desafiada de forma sistemática a partir de 1930, principalmente pelo Partido Comunista da Indochina fundado por Ho Chi Minh. Em 1941, aproveitando-se da crise na metrópole então ocupada pela Alemanha nazista, o partido criou a Liga pela Independência (Vietminh), tentando atrair para uma aliança outros grupos políticos e ideológicos não comunistas. No mesmo ano, porém, a Indochina foi invadida pelo Exército Imperial Japonês, que manteve a administração francesa, mas colocou-a sob seu controle.

Agora contra o novo inimigo, o Vietminh empreendeu uma guerra de guerrilhas até a rendição do Japão, em agosto de 1945, quando então declarou a independência da parte oriental da Indochina francesa sob o nome de República Democrática do Vietnã. A Declaração de Independência do Vietnã (de 2 de setembro de 1945) é um bom exemplo de como valores democráticos ocidentais e a ideia de Direitos do Homem haviam sido apropriados pelos colonizados:

> Todos os homens são criados iguais. São dotados pelo Criador de certos direitos inalienáveis, entre os quais estão a vida, a liberdade e a busca da felicidade. Esta afirmação imortal foi feita na Declaração de Independência dos Estados Unidos da América em 1776. Em sentido mais amplo, significa: todos os povos na terra são iguais desde o nascimento; todos os povos têm direito de viver, de ser felizes e livres. A Declaração da Revolução Francesa, elaborada em 1791 sobre os Direitos do Homem e do Cidadão, também afirma: "os homens nascem e devem permanecer livres e iguais em direitos". Estas verdades são inegáveis. Todavia, por mais de oitenta anos, os imperialistas franceses, insultando o estandarte da liberdade, igualdade e fraternidade, violaram nossa pátria e oprimiram nossos concidadãos. Agiram contrariamente aos ideais de humanidade e justiça [...].
>
> (Declaração de Independência da República Democrática do Vietnã (2 set. 1945). In: ARMITAGE, David. *Declaração de Independência*: uma história global. São Paulo: Companhia das Letras, 2011, p. 189).

Ainda que em contradição com os valores que dizia defender, a França não reconheceu a independência do Vietnã e o reocupou militarmente em 1946. Depois de quase dez anos de guerra, em 1954, o Vietminh impôs uma grande derrota militar à França, na famosa Batalha de Dien Bien Phu.

O governo francês então aceitou iniciar conversações de paz. A Conferência de Genebra, na Suíça, realizada entre abril e julho de 1954, da qual participaram as partes em conflito na Indochina e as principais potências da época (Estados Unidos, Inglaterra, União Soviética e China), decidiu-se pela divisão da Indochina francesa em três países independentes que correspondiam às regiões com tradições étnicas e políticas estabelecidas antes da dominação francesa: Laos, Camboja e Vietná. Este ficaria dividido em dois países, Vietná do Norte e Vietná do Sul, por uma linha imaginária situada à altura do paralelo 17, até que uma eleição marcada para 1956 definisse a forma de governo para um futuro país unificado. Enquanto isso, na parte sul do Vietná, contando com o apoio de uma minoria católica ocidentalizada, foi formado um governo monárquico fantoche, fiel à França. Na parte norte, contudo, os comunistas eram mais fortes e formaram governo próprio.

As lideranças conservadoras católicas, no entanto, não aceitaram realizar as tais eleições, preferindo apoiar, no Vietná do Sul, um governo ditatorial pró-Ocidente chefiado por Ngo Dinh Diem, um católico aliado da antiga metrópole francesa. Ngo Dinh Diem era bastante impopular, entre outras coisas, porque perseguia os budistas (maioria religiosa do país) e promovia a concentração de terras nas mãos de poucos proprietários.

Aproveitando-se da impopularidade dos governantes no Vietná do Sul, um grupo de militantes, cujo projeto político era reunificar o país sob o regime comunista, criou um movimento guerrilheiro chamado Frente de Libertação Nacional, mais conhecido como Vietcongue. A maior parte da população civil do Vietná do Sul, sobretudo os camponeses, o apoiava.

Na mesma época, a região começou a entrar no radar da política externa dos Estados Unidos, que perceberam que a estratégia francesa de contenção dos comunistas fracassara. Em 1963, diante do avanço da guerrilha comunista dos vietcongues, a agência de inteligência do governo dos Estados Unidos, a CIA, orquestrou com os generais do exército sul-vietnamita um golpe de Estado que depôs o antigo aliado Ngo Diem em favor do general Van Thieu. Estava preparado o terreno para a Guerra do Vietná, uma das maiores tragédias humanitárias dos anos 1960, com a intervenção direta dos Estados Unidos.

Após o ataque das tropas norte-vietnamitas a um navio da frota americana no golfo de Tonquim, perto do Vietná do Norte, o presidente Lyndon Johnson e seus assessores militares forjaram um segundo ataque para justificar perante a opinião pública de seu país a entrada na guerra. Em 1965, enquanto milhares de soldados estadunidenses desembarcavam no Vietná do Sul, o Vietná do Norte era submetido a um forte bombardeio aéreo, matando milhares de civis. No auge da mobilização militar, os Estados Unidos mantiveram cerca de 500 mil soldados no Vietnã, considerado estratégico para os norte-americanos conterem o comunismo na Ásia e na região do oceano Pacífico, isolando a China e a União Soviética. Essa política até ganhou um nome na diplomacia dos Estados Unidos, sugerindo que o comunismo era uma "peste" que deveria ser contida: "cordão sanitário do Pacífico".

Contudo, o envolvimento americano na guerra, o recrutamento de jovens para lutar contra os vietcongues e a escalada da violência contra a população civil vietnamita foram muito questionados pela opinião pública nos Estados Unidos e ao redor do mundo, não apenas por simpatizantes do comunismo e do socialismo, mas também por liberais e pacifistas em geral. Grandes protestos marcadamente juvenis passaram a exigir o fim da guerra.

A Guerra do Vietnã foi a primeira a ser transmitida pela televisão, em um fluxo de imagens jornalísticas que não era comum até então. A opinião pública ocidental, chocada, criticou o governo americano pelo uso de bombas incendiárias de *napalm* contra a população civil e de um desflorestador químico, conhecido como "agente laranja", para destruir as selvas, onde os guerrilheiros se escondiam, e as plantações de arroz, alimento básico dos vietnamitas.

Em 1968, o Vietcongue, apoiado pelo Exército regular do Vietnã do Norte, lançou uma grande ofensiva militar contra as defesas do Vietnã do Sul, enfraquecendo-as. Em 1969, o então presidente dos Estados Unidos, Richard Nixon, ordenou o bombardeio das cidades do Vietnã do Norte e das áreas do Camboja e do Laos (países que não estavam em guerra) utilizadas pelos vietcongues para conseguir alimentos e armas. Com isso, a guerra acabou sendo também "exportada" para esses dois países.

Entretanto, apesar de todos os recursos utilizados e da superioridade militar norte-americana, o envolvimento direto dos Estados Unidos não deteve o avanço dos comunistas. Cada vez mais criticado internamente, o governo Nixon anunciou um plano de retirada de tropas, concluído em 1973. Dois anos depois, a capital do Vietnã do Sul foi tomada pelos comunistas e o país, reunificado.

A CONFERÊNCIA DE BANDUNG E O CONCEITO DE TERCEIRO MUNDO

Nacionalistas e comunistas locais defendiam a independência da Indonésia, um conjunto de centenas de ilhas no Pacífico Sul. Os holandeses não aceitaram liberar sua antiga colônia e ocuparam militarmente

94 HISTÓRIA CONTEMPORÂNEA 2

o arquipélago. Contudo, em 1950, com o apoio dos Estados Unidos, a Indonésia tornou-se finalmente independente.

Em 1955, a cidade indonésia de Bandung sediaria a primeira conferência de ex-colônias que criticavam o mundo bipolar da Guerra Fria. Os países participantes tinham em comum o passado colonial e a pobreza. Além disso, sofriam forte pressão para se alinhar a um dos dois blocos – capitalista e socialista – que disputavam a hegemonia política mundial durante a Guerra Fria. Governantes de 29 nações afro-asiáticas reuniram-se para tentar traçar uma estratégia para afirmar sua independência política, superar a pobreza e desenvolver uma política internacional na qual não tivessem de aderir politicamente a uma das superpotências.

Alguns líderes políticos se destacaram na conferência: Sukarno, presidente da Indonésia, Jawaharlal Nehru, da Índia, e Gamal Abdel Nasser, do Egito. Ao final do evento, foi aprovado um documento com "Dez Princípios", unificando a opinião das lideranças ali reunidas.

1. Respeito dos direitos humanos fundamentais, segundo os objetivos e os princípios da Carta das Nações Unidas;
2. Respeito da soberania e da integridade territorial de todas as nações;
3. Reconhecimento da igualdade de todas as raças e da igualdade de todas as nações, pequenas ou grandes;
4. Não intervenção e não ingerência nos negócios dos outros países;
5. Respeito do direito de cada nação defender-se individual ou coletivamente, segundo a Carta das Nações Unidas;
6. Recusa de recorrer a acordos de defesa coletiva destinados a servir aos interesses particulares das grandes potências, quaisquer que sejam elas; [...]
7. Abstenção de atos ou ameaças de agressão ou de emprego de força contra a integridade territorial ou a independência política de um país;
8. Regulamentação de todos os conflitos internacionais por meios pacíficos, tais como: negociação ou conciliação, arbitragem ou regulamentação perante os tribunais [...];
9. Estímulos dos interesses mútuos e cooperação;
10. Respeito da justiça e das obrigações internacionais.

(Os dez princípios da Conferência de Bandung (1955). In: MARQUES, Adhemar Martins; BERUTTI, Flávio Costa; FARIA, Ricardo de Moura. *História do tempo presente*. São Paulo: Contexto, 2003, pp. 48-9. Textos e documentos, v. 7).

Contudo, apesar dessa e de outras tentativas de se afirmarem como "não alinhados", os países subdesenvolvidos que saíram de uma situação política colonial não conseguiram escapar à lógica bipolar da Guerra Fria e, frequentemente, tiveram que escolher um lado para estabelecer alianças estratégicas. Por exemplo, a própria Indonésia de Sukarno acabaria se alinhando aos Estados Unidos, enquanto o Egito de Nasser se aproximaria da União Soviética.

No contexto da conferência, consolidou-se a expressão "Terceiro Mundo" para designar os países que tinham sido colônias em um passado próximo ou distante e que ainda se encontravam em condições sociais e econômicas precárias, incapazes de interferir na geopolítica mundial. Logo depois, países da Ásia, da África e da América Latina que apresentavam características como a pobreza crônica, a baixa industrialização, as desigualdades sociais e a fragilidade das instituições políticas passaram a ser identificados, inclusive pela mídia, como pertencentes ao Terceiro Mundo. Obviamente, as diferenças econômicas entre esses países eram muito grandes, bem como seus interesses geopolíticos. Em comum, a situação de dependência econômica e financeira dos países mais ricos. A prioridade, para as novas elites políticas nacionalistas dos anos 1940 e 1950, era a superação do chamado "subdesenvolvimento". Mas como fazê-lo?

DESCOLONIZAÇÃO NA ÁFRICA

Em junho de 1960, ano da grande onda de descolonização da África, quando 16 novos países foram formados, Patrice Lumumba, líder da luta anticolonial no Congo, fez um marcante discurso de posse:

> Pois esta independência do Congo, [...] nenhum congolês digno deste nome jamais poderá esquecer, foi conquistada pela luta [...]. Qual foi a nossa sorte durante 80 anos de regime colonial, as nossas feridas estão ainda muito frescas e muito dolorosas para que nós possamos removê-las da nossa memória; nós conhecemos o trabalho exaustivo, exigido em troca de salários que não nos permitiam nem comer para matar a nossa fome, nem nos vestir ou morar decentemente, nem criar nossos filhos como seres amados. Tudo isso, meus irmãos, nós temos sofrido profundamente. Mas, também, tudo isso, nós, que fomos escolhidos, pelo voto dos seus representantes eleitos, para governar o nosso amado país, nós, que sofremos em nosso corpo e em nosso coração a opressão colonialista, dizemos a vocês, em voz alta: tudo isso finalmente acabou. [...].

> (LUMUMBA, Patrice Emery. Discurso de 30 jun. 1960. In: Movimento para a paz e a democracia de Angola. Disponível em: <www.mpdaangola.com/blog/discurso-do-lider-africano-patrice-emery-lumumba.html>. Acesso em: 8 abr. 2013).

96 HISTÓRIA CONTEMPORÂNEA 2

Alguns meses depois, em setembro, Lumumba, que havia se aproximado da União Soviética, potência que disputava a influência nas antigas regiões coloniais como forma de se contrapor ao Ocidente capitalista, foi destituído por um golpe de Estado orquestrado pela Bélgica e pelos Estados Unidos com a participação de alguns chefes militares locais. Lumumba foi preso e, em janeiro de 1961, assassinado. O motivo do golpe era o de manter a jovem República do Congo, e suas riquezas naturais, na esfera de influência do capitalismo ocidental.

O discurso e o destino de Patrice Lumumba, bem como as dificuldades do jovem país, são exemplos da luta, das utopias e dos impasses políticos e econômicos envolvidos no processo de descolonização ocorrido na África. Quando os belgas se retiraram dessa sua colônia, não havia oficiais congoleses no exército local, e só 30 cidadãos eram formados em cursos superiores. Não é difícil compreender o ressentimento da população congolesa contra os colonos europeus, identificados com a violência e a exploração da população local.

* * *

Partilhada pelos governos europeus a partir do Congresso de Berlim, em 1885, a África foi uma das regiões mais afetadas pelo neocolonialismo do século XIX. O continente africano já vinha sendo explorado desde o século XV como importante fornecedor de matérias-primas, escravos e ouro. Algumas regiões africanas, portanto, já eram colônias, mas, depois da partilha em Berlim, apenas a Libéria e a Etiópia permaneceram países livres.

O Congresso de Berlim definira as regras para as divisões territoriais coloniais que mais tarde, no processo de descolonização, seriam mantidas como base para a constituição das fronteiras dos novos países independentes. Com isso, várias tribos, etnias e línguas passaram a conviver num mesmo "território nacional", cujas estruturas políticas e burocráticas, muitas vezes, eram herdadas da administração colonial.

Até 1950, o Egito, a Libéria, a Etiópia e a África do Sul eram os únicos países independentes na África. Entre 1951 e 1956, Líbia, Marrocos, Tunísia e Sudão conseguiram sua independência. No ano seguinte, Gana seria o primeiro país da África Subsaariana a obter a independência.

Na década de 1950, as tensões anticoloniais se acumulavam por todo o continente. Em 1952, explodiu no Quênia a revolta do povo kikuyu (conhecido pejorativamente como "mau-mau" entre os colonizadores), que se estendeu até 1960, com episódios de prisões em massa e torturas cometidas por tropas coloniais britânicas e milícias leais aos ingleses compostas por etnias

Coleção
HISTÓRIA NA UNIVERSIDADE

ESTADOS UNIDOS
Vitor Izecksohn

GRÉCIA E ROMA
Pedro Paulo Funari

HISTÓRIA ANTIGA
Norberto Luiz Guarinello

HISTÓRIA CONTEMPORÂNEA
Luis Edmundo Moraes

HISTÓRIA CONTEMPORÂNEA 2
Marcos Napolitano

HISTÓRIA DA ÁFRICA
José Rivair Macedo

HISTÓRIA DA AMÉRICA LATINA
Maria Ligia Prado e Gabriela Pellegrino

HISTÓRIA DA ÁSIA
Fernando Pureza

HISTÓRIA DO BRASIL COLÔNIA
Laima Mesgravis

HISTÓRIA DO BRASIL CONTEMPORÂNEO
Carlos Fico

HISTÓRIA DO BRASIL IMPÉRIO
Miriam Dolhnikoff

HISTÓRIA DO BRASIL REPÚBLICA
Marcos Napolitano

HISTÓRIA MEDIEVAL
Marcelo Cândido da Silva

HISTÓRIA MODERNA
Paulo Miceli

PRÁTICAS DE PESQUISA EM HISTÓRIA
Tania Regina de Luca

Siga a Contexto nas redes sociais
@editoracontexto

Assine a nossa newsletter

rivais. Em 1964, o país finalmente ganharia a independência tentando, na época, apagar da memória nacional esse período sangrento. A enorme violência cometida com o aval do governo britânico só seria reconhecida oficialmente pela Inglaterra em 2013, com direito à indenização das vítimas. O avô do presidente dos Estados Unidos entre 2009 e 2017, Barack Obama, foi um dos quenianos presos e torturados durante a revolta; a eleição de Obama acabou ajudando no reconhecimento das responsabilidades nessa guerra terrível.

Entre 1960 e 1964, a maior parte das colônias francesas e britânicas conquistaria a independência, transformando-se em dezenas de novos países.

As colônias portuguesas de Angola, Guiné-Bissau, Moçambique e Cabo Verde ainda teriam que esperar até meados dos anos 1970 para se libertar da metrópole, embora lutassem contra os colonizadores desde o começo dos anos 1960. Durante o período de lutas, formaram-se vários movimentos armados de libertação que podiam contar com o apoio ou americano ou soviético. Portugal, um país já em decadência econômica e governado desde os anos 1930 por um regime autoritário aferrado ao "colonialismo à portuguesa", enviou tropas à África para combater os movimentos armados. Ao justificar-se, alimentava a ideologia de que no "colonialismo à portuguesa" inexistia racismo, e os colonos brancos eram bastante tolerantes e afáveis em relação aos povos negros colonizados.

As guerras coloniais portuguesas só terminaram quando em Portugal o regime autoritário que governava a metrópole foi derrubado em 1974 na chamada Revolução dos Cravos, liderada por oficiais de baixa patente, críticos das guerras coloniais, e apoiada por muitos setores democráticos da população portuguesa. A partir de então, as colônias portuguesas na África ganharam independência. Os colonos brancos portugueses haviam imaginado um processo de independência negociado, com manutenção de seus interesses e propriedades (como havia ocorrido na África do Sul), mas o governo português pós-Revolução dos Cravos não endossou esse projeto e muito menos a população negra das ex-colônias. Contudo, a liberdade não significou a paz em Angola e Moçambique, que amargaram em seguida uma longa guerra civil pelo poder travada entre grupos nativos rivais.

* * *

A África do Sul foi um dos primeiros países a conquistar a independência no continente. Foi também o exemplo mais conhecido mundialmente dos efeitos perversos da presença colonizadora europeia. O país havia sido colonizado por holandeses no século XVII. No século seguinte, chegaram colonos ingleses e o Império Britânico acabou dominando a região, considerada estratégica e rica em minérios e produtos agrícolas. Colonos ingleses e holandeses (estes chamados de bôeres) entraram em conflito por causa do desacordo dos bôeres referente à proibição da escravidão nas colônias britânicas. Os bôeres migraram para o interior da África do Sul, onde fundaram duas repúblicas: Orange e Transvaal. A região da costa ficou nas mãos dos colonos ingleses. Porém, a descoberta de diamante e ouro no planalto interior levou a Inglaterra a cobiçar também as repúblicas autônomas, o que resultou na chamada Guerra dos Bôeres (1899-1902), vencida pelos ingleses. Assim foi formada a União Sul-Africana, primeiro nome da atual região. Em 1910, a União Sul-Africana foi considerada semiautônoma; em 1931, tornou-se independente da Inglaterra. Paulatinamente, os africânderes, descendentes dos bôeres, que permaneceram como grupo economicamente dominante mesmo depois da guerra com os ingleses, instituíram um regime de segregação racial com bases legais, o *apartheid*. A Lei de Terras, de 1913, reservava 92% das terras aos brancos, que representavam apenas um quinto da população. Ao mesmo tempo, os habitantes negros das áreas urbanas foram confinados em guetos, nos quais predominavam as favelas.

Por causa do regime do *apartheid*, condenado por muitas nações, o governo sul-africano se isolou do restante do mundo, saindo inclusive da Comunidade das Nações (associação de cooperação entre países autônomos formada por ex-colônias inglesas). Em 1962, a ONU condenou formalmente o regime de *apartheid* e pediu a todos os seus membros que cortassem relações com a África do Sul.

Internamente, o principal opositor à política segregacionista vigente na África do Sul era o partido político liderado por Nelson Mandela, chamado Congresso Nacional Africano (CNA). Nos anos 1960, Mandela aceitou recorrer à luta armada contra o governo, já que a resistência pacífica não dava resultado diante da violência de Estado sul-africana contra os opositores do *apartheid*. Mandela acabou preso em 1962 e foi condenado à prisão perpétua em 1964.

Nos anos 1970 e 1980, a luta interna e a externa contra o *apartheid* tornaram esse regime insustentável. Os protestos dos negros no país e os boicotes internacionais contra o governo racista da África do Sul enfraqueceram os defensores da segregação. Em 1989, o regime de *apartheid* foi finalmente extinto pelo próprio governo. Começou, então, um período de transição para um regime democrático e multirracial. O país teve que superar uma odiosa política racista imposta pelos brancos, em uma luta conduzida por um partido político (o CNA) de linhagem comunista, mas que, depois que chegou ao poder, manteve o caráter multirracial da sociedade local. Os brancos descendentes dos colonizadores tiveram suas propriedades e cidadania reconhecidas e conseguiram manter posições de influência no país. Na medida do possível, as tensões entre brancos e negros foram canalizadas para uma solução negociada e para um regime democrático eleitoral que abriu as portas para que um presidente negro fosse eleito. Em 1994, Nelson Mandela, libertado após 27 anos de prisão, tornou-se o presidente do país. Ainda assim, resquícios desse legado, como a pobreza de boa parte da população negra, continuam a assombrar a África do Sul.

* * *

Em Ruanda, tensões entre negros de etnias diferenciadas – tutsis e hutus – explodiram em 1994 provocando um dos maiores genocídios do século xx. Durante a colonização de Ruanda, os colonizadores belgas, para melhor dominar a região, haviam privilegiado membros da minoria tutsi como seus aliados na administração colonial, descontentando a maioria hutu e acirrando as rivalidades étnicas entre hutus e tutsis. Com a independência do país em 1962, os hutus tomaram o poder político, invertendo as hierarquias políticas na região. Depois de muitos conflitos entre os dois grupos, em 1990, formou-se um governo de coalizão entre as duas etnias, cujo equilíbrio frágil não resistiu ao assassinato do presidente hutu Juvénal Habyarimana, em abril de 1994, cuja autoria até hoje é motivo de debate, pois a política de conciliação com os tutsis defendida pelo presidente também era criticada por hutus radicais.

Em meio a boatos de que os tutsis preparavam uma matança de hutus, as milícias hutus mais radicais, com o apoio do novo governo e do Exército oficial do país, inflamaram a população hutu para massacrar os tutsis. Até julho de 1994, cerca de 1 milhão de tutsis e também de hutus moderados (críticos das rivalidades étnicas) foram mortos. Centenas de milhares de mulheres tutsis foram estupradas (o estupro como arma de guerra é usado para aterrorizar e humilhar o inimigo, e é especialmente dramático em conflitos étnicos, pois os nascimentos decorrentes, bem como as vítimas, acabam não sendo aceitos pela comunidade).

O "genocídio de Ruanda" mostra claramente como a combinação de legados do colonialismo, da pobreza, de rivalidades étnicas e de *fake news* pode levar uma sociedade à autodestruição. Em 1994, um movimento armado formado por tutsis e hutus moderados conseguiu tomar o poder e encerrar a matança. Desde então, o pequeno país africano tenta se reconstruir e superar o trauma do genocídio, através de uma política de reparação às vítimas e de preservação da memória para que algo igual nunca mais ocorra.

Mapa 3 – A descolonização na África e na Ásia

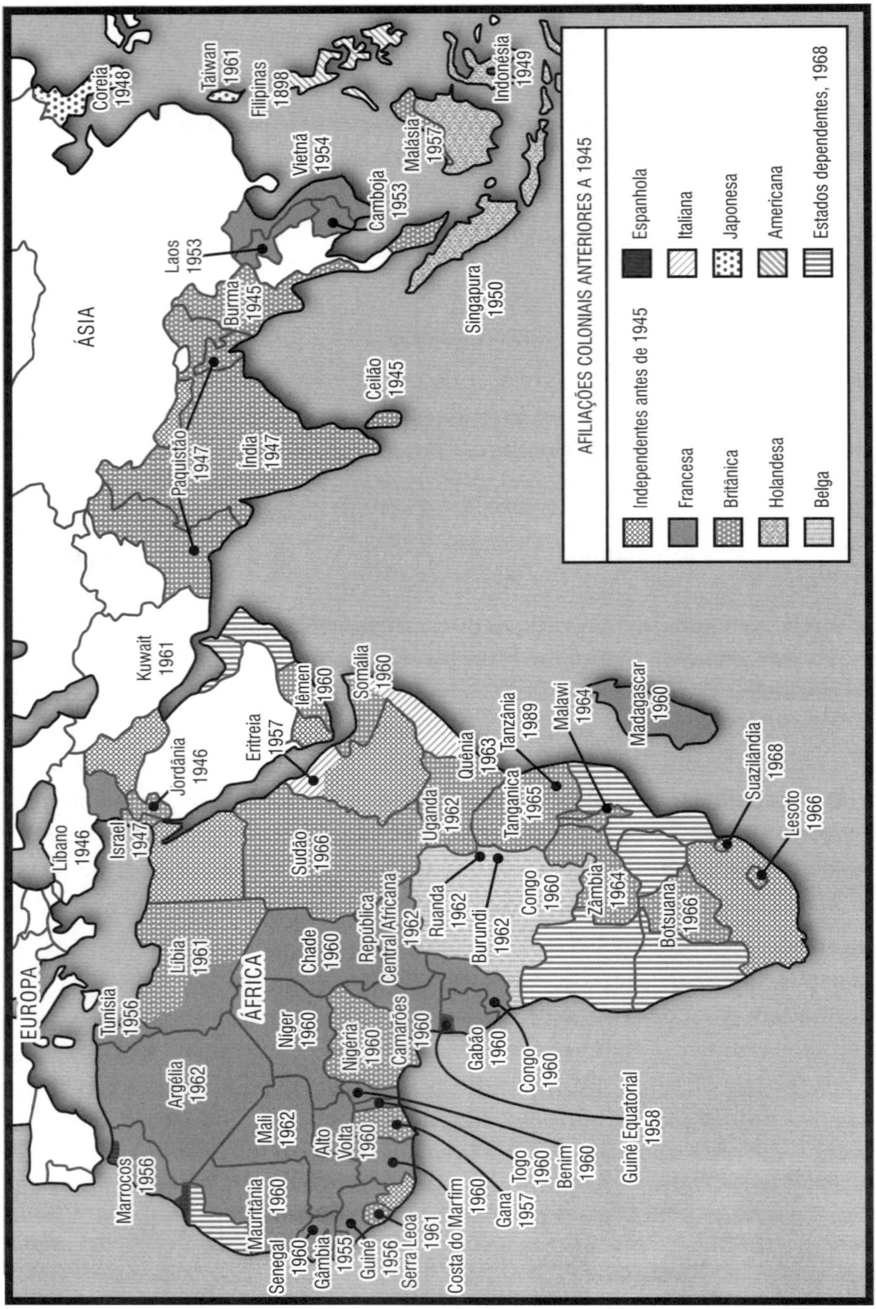

AS TEORIAS DO DESENVOLVIMENTISMO E A CEPAL

O tema da superação do subdesenvolvimento marcou o debate econômico do pós-guerra e acompanhou tanto a construção dos novos países que surgiam das antigas áreas coloniais, como dos Estados que já tinham realizado sua independência havia mais tempo, como os da América Latina. Novamente, a ONU teve um papel importante como fórum internacional, sobretudo através da Comissão Econômica para a América Latina (Cepal), órgão a ela subordinado, responsável pela disseminação do conceito de "desenvolvimentismo" e pela crítica ao subdesenvolvimento como resultado do colonialismo e da ordem econômica mundial vigente.

O conceito de "país subdesenvolvido" se difundiu nos anos 1940 qualificando a situação histórica de países em situação de pobreza, exportadores de matérias-primas. Ele foi utilizado por economistas, como Raúl Prebisch e Celso Furtado, nos anos 1950 e 1960, em suas teorias, as chamadas "teorias desenvolvimentistas". Essas teorias que passaram a explicar essa situação histórica a partir do conceito de país subdesenvolvido (apontando caminhos para superá-la) eram bem distintas das antigas teorias liberais das chamadas "vantagens comparativas".

Segundo a antiga visão liberal, os países deveriam se especializar em produzir aquilo que lhes permitisse uma boa inserção no mercado internacional. Tomemos um exemplo: o Brasil era um grande produtor mundial de café, dominava o mercado mundial desse produto, portanto, na ótica liberal não fazia sentido desviar recursos e divisas para tentar se industrializar e competir com países que já tinham uma indústria mais produtiva e eficaz. A "vantagem comparativa" do Brasil em termos de comércio mundial era produzir café e, eventualmente, outros produtos agrícolas primários. Caso a indústria de outros países não fornecesse produtos a bom preço para seus consumidores, o mercado brasileiro poderia até aplicar os recursos ganhos com o café em um ramo industrial de algum produto que fosse mais vantajoso produzir dentro do país do que importar, contudo, era o mercado "livre" que deveria decidir onde investir, sem interferência do Estado.

Os teóricos do "desenvolvimentismo" fizeram duras críticas a esse pensamento liberal que pautava a economia mundial desde o século XIX. Para eles, as "vantagens comparativas" não eram na verdade nada vantajosas para os países exportadores de matérias-primas. O argumento era simples: para importar uma máquina industrial ou um automóvel de um país estrangeiro seriam necessárias muitas toneladas de café, para continuarmos no exemplo brasileiro. Além disso, os preços dos produtos primários variavam conforme o humor dos mercados dos países ricos e desenvolvidos, que eram os mercados de destino, consumidores desses produtos. Já os preços dos produtos industrializados eram mais estáveis. Ademais, para produzir máquinas e produtos industrializados havia uma cadeia de produção complexa, que criava muitos empregos indiretos, mobilizava conhecimento científico e novas tecnologias e, ainda, pagava melhor os trabalhadores. Para produzir café e outros produtos primários, a cadeia de produção era mais simples, com baixa tecnologia, empregava trabalhadores menos qualificados, mal remunerados em sua maioria.

HISTÓRIA CONTEMPORÂNEA 2

Feito *o diagnóstico* da "desvantagem" dos países pobres do Terceiro Mundo, retroalimentada pelo mercado capitalista mundial, o maior problema era *como superar esta situação*. A receita geral desses teóricos era baseada em uma dupla estratégia: o Estado nacional deveria apoiar o processo de industrialização, através de políticas de câmbio (termo de troca entre moedas de países diferentes), de proteção fiscal para a produção industrial nacional ("protecionismo") e de incentivo à "substituição de importações" dos produtos industrializados consumidos no mercado interno. Em países que já tinham um mercado interno considerável, como Brasil, México ou Argentina, por exemplo, o Estado deveria taxar os produtos importados e, ao mesmo tempo, incentivar a produção de produtos similares pela indústria nacional. O cálculo era que, mesmo sem a qualidade semelhante à dos importados, os produtos feitos internamente seriam mais baratos e, portanto, teriam mercado garantido, pois os consumidores deixariam de comprar os produtos vindos do exterior. Outra estratégia para superar o subdesenvolvimento era atrair indústrias multinacionais para instalar suas fábricas em países subdesenvolvidos.

Novamente, a América Latina saiu na frente e procurou seguir esse modelo. Os governos "desenvolvimentistas", como o de Juscelino Kubitschek no Brasil (1956-1961) ou o de Arturo Frondizi na Argentina (1958-1962), estimularam a instalação das indústrias multinacionais, sobretudo europeias, em seus respectivos países. Para elas, que já exportavam para esses países, passou a ser vantajoso construir grandes plantas industriais para produção *in loco*, pois o preço da energia, da mão de obra e de matérias-primas e insumos era, no Brasil e na Argentina, muito mais barato do que na Europa ou nos Estados Unidos. O modelo da indústria automobilística brasileira, que liderou o processo de industrialização ao lado das estatais de petróleo e siderurgia criadas antes no governo de Getúlio Vargas, seguiu essa lógica.

O modelo de desenvolvimento com planejamento estatal e incentivo à "substituição das importações" tinha limites e não abarcava toda a conjuntura do Terceiro Mundo subdesenvolvido, posto que exigia de cada país uma burocracia estatal minimamente organizada, algum consenso entre as elites políticas e mercado interno considerável. Alguns países da América Latina, como Brasil, Argentina e México, em que pesem a pobreza e a dependência de produtos primários para exportação (café, carne, petróleo cru, açúcar), já possuíam essas características, e conseguiram organizar políticas desenvolvimentistas bem-sucedidas, sobretudo a partir dos anos 1950. Já os países da Ásia tinham grande tradição em comércio de grandes distâncias, com rotas estabelecidas para a Europa e a América do Norte, mas ainda não estavam organizados o suficiente para desenvolver políticas de "substituição de importações". Já a África Subsaariana, o continente mais explorado pelo sistema colonial europeu desde o século XVI, tinha conhecido um tipo de economia ainda mais predatória, baseada no extrativismo (borracha, pedras preciosas) e no comércio de escravos; portanto, encontrou mais dificuldade para organizar suas políticas internas na direção do desenvolvimento industrial.

Porém, mesmo na América Latina, não havia consenso em torno das políticas de superação do subdesenvolvimento. Para criar um mercado interno forte, muitos governos latino-americanos defendiam políticas reformistas, ou seja, visando à distribuição da renda interna através da melhoria de salários e de distribuição de terras a camponeses, para que estes pudessem produzir para o mercado interno. Os grupos conservadores viam nessas políticas reformistas uma forma de "subversão da ordem social" e de "implantação do comunismo", por causa da ênfase na divisão das riquezas sociais pela ação do Estado. Os grandes grupos importadores, por sua vez, eram contra as políticas fiscais protecionistas, fundamentais para viabilizar a "substituição das importações". Já os economistas liberais eram contra a intervenção do Estado na economia, pois criticavam os gastos públicos necessários às políticas de promoção industrial e defendiam o livre mercado como caminho para o desenvolvimento. Além disso, no caso latino-americano, os Estados Unidos não viam com bons olhos os discursos nacionalistas e anti-imperialistas que fundamentavam as políticas desenvolvimentistas e reformistas, sempre apoiados pelos partidos comunistas locais como forma de criticar o que chamavam pejorativamente de "imperialismo ianque".

Os conflitos entre as elites nacionalistas, desenvolvimentistas e reformistas, e os grupos conservadores e liberais associados aos interesses econômicos das grandes potências capitalistas, no contexto da Guerra Fria, estão intimamente ligados ao ciclo de golpes de Estado e às ditaduras militares implantadas no continente latino-americano entre os anos 1960 e 1970. No mundo bipolar da Guerra Fria, a construção de uma "terceira via" para a economia nacional era quase impossível aos países subdesenvolvidos, pois ela era automaticamente acusada pelos grupos conservadores de ser uma estratégia de "comunização" manipulada pela União Soviética.

A REVOLUÇÃO CUBANA

A Guerra Fria também afetou os países da América Latina. Ainda que na região houvesse Estados já estruturados desde o século XIX, a pobreza, o autoritarismo das elites políticas locais e a grande dependência dos mercados capitalistas centrais eram fatores de grande instabilidade. Assim, outros desafios se juntaram a esses problemas no contexto do mundo polarizado.

O conceito de "terceiro-mundismo" teve grande impacto no continente latino-americano, estimulando correntes políticas de afirmação nacional e econômica, críticas à tradicional influência norte-americana na região. Na maioria dos países, havia partidos comunistas e socialistas fundados no começo do século XX, que se juntaram aos nacionalistas radicais em busca de um caminho viável para a inclusão social de estratos mais baixos da sociedade. Os nacionalistas oscilavam entre posições reformistas que se traduziam em sociedades mais justas e simples populismo, exercido por líderes carismáticos cujos discursos radicais arregimentavam as massas, mas nem sempre se transformavam em conquistas materiais efetivas e permanentes para a população mais pobre. Mas havia também grupos que defendiam uma solução mais radical, que ia além das posições "populistas" e "nacionalistas", para lidar com os impasses econômicos e sociais: a revolução socialista. Até a Revolução Cubana, essa opção parecia irrealizável no continente, visto por muitos apenas como um quintal norte-americano.

A Revolução Cubana de 1959 provocou uma mudança de rumos na história de Cuba, na política externa dos Estados Unidos e nas perspectivas dos partidos de esquerda da América Latina. Inspiradora de muitos movimentos guerrilheiros, foi considerada a primeira grande derrota dos Estados Unidos na América Latina, por ter ocorrido numa ilha situada a 120 quilômetros de sua costa. Mas também abalou a política dos partidos comunistas da região, pois no início a Revolução Cubana fora vista como uma mera aventura de jovens nacionalistas e idealistas fadada ao fracasso, que inicialmente não teve apoio nem do Partido Comunista cubano.

A economia de Cuba era baseada na produção e na exportação de açúcar. As empresas de comunicação, de transportes e muito do capital investido na ilha eram de propriedade estadunidense, incluindo os negócios escusos da poderosa máfia norte-americana. O presidente era, desde 1952, Fulgencio Batista, coronel que dera um golpe de Estado para assumir o poder. Sua ditadura contava com o decisivo apoio político dos Estados Unidos. Entre seus opositores, estavam estudantes e militantes de partidos de esquerda. Um grupo deles integrou um movimento armado, posteriormente conhecido como Movimento 26 de Julho. Nessa data, em 1953, o grupo invadiu um quartel a fim de conseguir mais armas para lutar contra o governo. Essa ação, conhecida como o Assalto ao Quartel Moncada, fracassou. A maioria dos participantes foi morta e outros foram presos; anistiados em 1955, exilaram-se no México. Lá organizaram um grupo de 82 guerrilheiros para voltar a Cuba. A bordo do iate Granma, que mal os acomodava, o grupo tentou desembarcar clandestinamente na ilha em dezembro de 1956, mas, além dos problemas decorrentes da inexperiência com navegação e do excesso de pessoas no barco, acabaram recebidos pelo exército de Batista. A maioria foi morta ou detida, restando um número reduzido de sobreviventes. Doze comandantes rebeldes se destacaram na luta e ganharam fama além das fronteiras nacionais, como Che Guevara, Fidel Castro e Camilo

Cienfuegos. A partir de então, formou-se uma verdadeira mitologia política em torno do "foco guerrilheiro" que, mesmo reduzido, seria capaz de ampliar seus apoiadores e tomar o poder em um país.

O nacionalismo, a crítica ao domínio exercido pelos Estados Unidos desde a Independência (1898) e a tradição de lutas no país foram ingredientes relevantes para o sucesso do movimento, que ganhou importante apoio entre os trabalhadores do campo e das cidades. O Exército Rebelde, com Fidel Castro como principal comandante, tomou o poder em 1º de janeiro de 1959. O governo de Fidel adotou então medidas de forte impacto: reforma agrária, nacionalizações em todos os setores econômicos, construção de casas populares e uma campanha maciça de alfabetização.

Os Estados Unidos não viram com simpatia essas medidas nacionalistas e procuraram sufocar o novo governo surgido da revolução, decretando um bloqueio econômico a Cuba. O governo de Washington, por exemplo, financiou milícias contrarrevolucionárias que atuaram no interior do país até 1965. Elas chegaram a empreender uma ação armada contra Cuba utilizando bombardeios aéreos e 1.500 soldados treinados pela CIA, seu serviço de inteligência. Esse ataque se deu na praia Girón, situada na baía dos Porcos, em abril de 1961, logo após o presidente estadunidense John Kennedy assegurar publicamente que não tentaria invadir a ilha. Após três dias de combate, o Exército Rebelde, comandado por Fidel Castro, triunfou.

Em resposta aos Estados Unidos, Fidel Castro declarou o caráter socialista do regime cubano e afirmou que a aproximação com a União Soviética sanaria a grave crise econômica pós-Revolução.

Apesar dessa aproximação entre os dois países, entre 1962 e 1968, Cuba tentou seguir um caminho socialista próprio, exportando seu modelo de revolução anti-imperialista para outros países. Por volta de 1966, Cuba e Argélia lançaram a ideia de uma organização Tricontinental (América Latina, Ásia e África), que promovesse a revolução terceiro-mundista contra o imperialismo. Seriam "mil Vietnãs", como afirmou o líder cubano Che Guevara, um dos entusiastas desse projeto. Entretanto, após 1968, as dificuldades econômicas de Cuba e as mudanças políticas na Argélia esfriaram esse projeto internacionalista e terceiro-mundista.

A partir da adesão do governo cubano ao bloco socialista, a União Soviética selou diversos acordos econômicos com Cuba, comprando da ilha açúcar a preços acima do mercado, fornecendo tecnologia, petróleo e todo tipo de produto industrial. Os soviéticos nessa época não eram entusiastas da exportação da revolução para mundo, pois o pragmatismo dos seus dirigentes via nessa estratégia vários riscos de desestabilizar a geopolítica mundial e o lugar da União Soviética no jogo da Guerra Fria. A relação entre cubanos e soviéticos, que impuseram a Cuba o modelo de planificação econômica estatal e a especialização em fornecimento de produtos agrícolas, gerou uma grande dependência econômica de Cuba com relação à URSS. Internamente, as instâncias políticas e administrativas cubanas copiavam o modelo político soviético, altamente centralista e burocrático.

No final dos anos 1980, ocorreu a pior crise econômica da história cubana, causando fome, paralisação das atividades produtivas e fugas em massa do país. Antes disso, enquanto a União Soviética podia prover Cuba em suas principais necessidades, a sociedade cubana usufruiu de uma significativa melhora da qualidade de vida, mas, com o colapso da União Soviética e a suspensão da ajuda econômica, a situação se deteriorou.

Neste início de século XXI, Cuba continua socialista, e o Partido Comunista ainda é o único reconhecido no país. A liberdade de expressão, limitada desde os anos 1960, continua sendo reivindicada por diversos setores da sociedade. O governo busca alternativas reformistas, como o investimento em turismo, para a economia do país ganhar força. A Revolução Cubana, hoje como no passado, divide paixões e opiniões, e ainda alimenta fantasias "anticomunistas" entre as elites conservadoras latino-americanas.

* * *

Ter por perto um país socialista, aliado à União Soviética, alarmou o governo estadunidense. A política externa dos Estados Unidos para a América Latina sofreu uma significativa mudança com a "Aliança para o Progresso", criada em 1961 para estreitar os laços econômicos do país com os latino-americanos e promover a "defesa da democracia". Entretanto, a "defesa da democracia" no continente se traduziu, em muitos casos, em apoio norte-americano a golpes militares contra governos constitucionais considerados simpatizantes de comunistas ou excessivamente nacionalistas, contrários aos "interesses americanos", impondo ditaduras de direita. Foi assim na Guatemala (1954), no Brasil (1964), na Argentina (1966, 1976), no Uruguai (1973), no Chile (1973). Ainda que esses regimes, frutos de golpes militares, apresentassem muitas diferenças entre si, todos eram profundamente anticomunistas e alinhados com a geopolítica de contenção do comunismo emanada de Washington.

O ORIENTE MÉDIO: ENCRUZILHADA DE TRADIÇÕES E TENSÕES GEOPOLÍTICAS

Uma das expressões do sentimento anticolonialista foi o "nacionalismo árabe". No processo de descolonização do Oriente Médio e do norte da África, o "nacionalismo árabe" foi incorporado por alguns grupos sociais, em especial de intelectuais laicos e de militares que queriam modernizar economicamente as sociedades árabes sem abandonar tradições culturais e religiosas fortemente marcadas pelo islamismo. Nesse processo, começaram a entrar em conflito com grupos ligados às monarquias feudais e aos líderes tribais tradicionalistas.

Contudo, em muitos países, como no Egito, na Síria e no Iraque, o nacionalismo árabe tomou o poder e se expressou na forma de regimes autoritários comandados por militares ou líderes autocráticos. Em outros, como na Argélia, mesclou-se às tradições socialistas que vinham do Ocidente. Em comum, a tentativa de modernizar a economia dos respectivos países e controlar as riquezas nacionais, a começar pelo petróleo, o produto mais importante do Oriente Médio, cujo comércio era então dominado pelas empresas ocidentais.

A República do Egito, proclamada em 1954, entrou em conflito com os britânicos, que controlavam o canal de Suez, passagem marítima estratégica entre a Ásia e a Europa. O presidente egípcio Gamal Abdel Nasser, uma das principais referências do nacionalismo árabe, nacionalizou o canal como parte de uma política de modernização econômica do país, que incluía redistribuição de terras e projetos de incentivo à industrialização. Como reação a essa medida, o canal foi reocupado por tropas britânicas e francesas, em 1956. Isso foi considerado um ato de agressão pela ONU, que enviou tropas de pacificação ao Egito – os famosos "capacetes azuis" – e deu razão às demandas do governo egípcio.

No jogo geopolítico da Guerra Fria, os regimes nacionalistas árabes comandados pelos setores laicos e reformistas, como Egito e Síria, aproximaram-se da União Soviética, enquanto a Arábia Saudita e o Kuwait, monarquias tradicionais, ligaram-se aos Estados Unidos. Apesar dessas alianças ditadas pela lógica bipolar daquele contexto e dos seus diversos regimes políticos, todos esses países se uniram e formaram a Liga Árabe, em 1945, para tentar coordenar ações em defesa dos seus interesses comuns.

Outro caso exemplar de luta contra o colonialismo no mundo árabe ocorreu na Argélia, invadida pela França na década de 1830. Em 1962, o país conquistou a independência depois de uma longa guerra contra os franceses e seus descendentes franco-argelinos que se recusavam a abrir mão de sua rica colônia. O levante da FLN (Frente de Libertação Nacional) começara em meados dos anos 1950, e a reação francesa foi violenta, com o bombardeio de aldeias e o uso sistemático de torturas contra presos políticos. Na França, a "questão argelina" dividiu a opinião pública e abalou a política interna. Essa situação levou o general Charles de Gaulle, presidente da França desde 1958, a fazer um acordo com os rebeldes para a independência da Argélia. A FLN assumiu então o poder no país independente e estabeleceu um regime socialista mesclado ao nacionalismo árabe, afiançado pelo Exército. Desde o começo dos anos 1990, na Argélia, existe uma tensão entre os setores laicos e nacionalistas e os grupos ligados ao fundamentalismo islâmico, que pregam a união entre Estado e religião.

* * *

Uma das regiões mais conflituosas do Oriente Médio desde a segunda metade do século XX é a Palestina, onde a crise do colonialismo europeu se mesclou às tensões surgidas com a criação do Estado de Israel inspirado pelo nacionalismo judeu. Desde o começo desse século, a região, de maioria árabe, começou a receber imigrantes judeus. A volta ao local considerado sagrado também alimentou o sionismo (ou nacionalismo judaico). O principal teórico sionista foi Theodor Herzl (1860-1904), judeu de origem austríaca que defendia a criação de um Estado judaico na Palestina. Para ele, somente essa solução colocaria fim à diáspora judaica e às perseguições que esse povo sofria havia séculos, especialmente na Europa. O projeto recebeu apoio das autoridades britânicas durante a Primeira Guerra Mundial. Naquele contexto, era também uma forma de os ingleses ganharem apoio da influente comunidade judaica na luta contra o Império Turco-Otomano, aliado da inimiga Alemanha.

Com o fim da Primeira Guerra Mundial e o esfacelamento do Império Turco, a Palestina passou para o controle britânico e, em consequência, a imigração judaica para a região aumentou ainda mais. No final da década de 1930, os judeus já representavam cerca de 30% da população, mas tinham apenas 12% das terras férteis. Nesse período, começaram os primeiros conflitos entre os imigrantes judeus e os árabes palestinos que habitavam a região, mesmo porque os grandes proprietários de terra árabes não viam com bons olhos a instalação dos kibutz, colônias coletivas judaicas, com relações sociais igualitárias. Para os exploradores da mão de obra dos felás árabes, isso se constituía em um perigoso mau exemplo.

Com o fim da Segunda Guerra Mundial, a tragédia do Holocausto (o assassinato de 6 milhões de judeus pelos nazistas) e a onda anticolonialista deram novo impulso à criação de um Estado judeu independente na Palestina. Milhares de judeus sobreviventes do Holocausto simplesmente não tinham para onde ir, e muitos vagavam em navios de refugiados em busca de um destino. Na ocasião, as autoridades inglesas tiveram que se equilibrar entre a pressão pela criação do Estado judeu e a restrição à imigração judaica para a Palestina para não desagradar as elites árabes nas áreas onde tinham interesses geopolíticos. O governo britânico chegou a bloquear a entrada de navios abarrotados de sobreviventes dos campos de extermínio nazistas. Em 1947, com o crescimento da crise na região, a ONU recomendou a descolonização da Palestina e a criação de dois Estados, um árabe e outro judeu. Os ingleses aceitaram a proposta e se retiraram da região. Quando David Ben-Gurion, o principal líder judeu, acatando a resolução da ONU, anunciou a formação do Estado de Israel, em maio de 1948, eclodiu a primeira guerra árabe-israelense.

Os árabes palestinos tiveram apoio dos Estados árabes vizinhos, como Jordânia e Egito. Entretanto, o exército israelense saiu vitorioso, expandindo o território sob domínio judeu. Como resultado, mais da metade da população árabe da Palestina fugiu ou foi expulsa das terras onde habitavam.

O Estado de Israel consolidou-se sob a hegemonia do sionismo de matiz socialista representado pelo Partido Trabalhista israelense. Os trabalhistas no poder apostaram na industrialização, combinada com a agricultura socializada. Esta funcionava com a coletivização do trabalho agrícola, com base na pequena propriedade comunitária economicamente autônoma, o kibutz. Com alta qualificação técnica e apoio financeiro do exterior, os israelenses conseguiram realizar grandes obras de irrigação, superando o problema da escassez de água na região.

No contexto da Guerra Fria, Israel tornou-se importante aliado do bloco ocidental capitalista liderado pelos Estados Unidos. A União Soviética, desde 1956, aproximou-se dos países árabes, governados por militares nacionalistas, como o Egito e a Síria. Enquanto isso, crescia o drama dos palestinos, que se refugiavam nos países árabes vizinhos e acabaram se tornando um povo sem pátria. O mundo assistiria a mais três grandes guerras entre árabes e israelenses (1956, 1967 e 1973), nas quais Israel conseguiu sair vitorioso e expandir seu território. A Guerra de 1973, inclusive, causou uma reação dos países árabes em resposta ao apoio norte-americano a Israel, com o aumento dos preços de petróleo, o que provocou uma grave crise mundial.

Em 1959, palestinos fundaram a Fatah, organização armada cujo objetivo inicial era reconquistar a Palestina aos judeus. Yasser Arafat (1929-2004) era o principal líder do grupo, que se aliou a outras forças e fundou a

110 HISTÓRIA CONTEMPORÂNEA 2

Organização para a Libertação da Palestina (OLP), em 1964. A partir de 1977, com a subida ao poder dos partidos sionistas conservadores, Israel passou a desenvolver uma franca política expansionista, intensificando a instalação de assentamentos no território palestino ocupado desde a guerra de 1967. Cerca de 120 mil colonos israelenses instalaram-se na Cisjordânia desde então. A presença de soldados e colonos judeus tornou-se parte do cotidiano dos palestinos que viviam na Cisjordânia e na Faixa de Gaza. Diante dessa situação, sob a liderança de nacionalistas ligados à OLP e de militantes islâmicos ligados ao Hamas (movimento palestino islâmico), a população palestina passou a resistir à ocupação por meio da chamada Intifada (insurreição civil), a partir de 1987. Os palestinos que viviam nos territórios ocupados por Israel se revoltaram, e passaram a enfrentar os tanques e soldados israelenses, desgastando a imagem do país junto à opinião pública internacional. Apesar de inúmeras conversações e tentativas de acordo, a "questão palestina" ainda continua sem solução. O nacionalismo judaico dos atuais líderes políticos tem se beneficiado com o impressionante crescimento econômico do país, baseado em empresas florescentes em áreas de pesquisa biológica, informática e tecnológica. Entretanto, a questão nacional continua pendente, sem a criação de um Estado palestino independente e sem a transformação de Israel em um Estado binacional, extinguindo a ligação direta com o judaísmo étnico ou religioso.

"EU NÃO SOU SEU NEGRO": OS INTELECTUAIS ANTICOLONIALISTAS

A luta contra o colonialismo e a conquista das independências não foram apenas produtos de lutas de massa, líderes políticos carismáticos, organizações políticas sem rosto, ou do sentimento de injustiça que a exploração colonial e o racismo produziam no colonizado. Foram também produtos de reflexões sofisticadas e racionais elaboradas por intelectuais "não brancos", nativos ou descendentes de povos colonizados. A grande contribuição desses intelectuais foi a crítica a um dos aspectos mais sutis e cruéis do colonialismo: a negação da subjetividade do colonizado. Seja na primeira onda colonialista europeia, no século XVI, seja na segunda, no século XIX, o colonizado era visto como alguém a ser moldado conforme os valores culturais e religiosos do colonizador. Era preciso impor a "boa religião" aos pagãos. Era preciso impor aos colonizados novos hábitos corporais, padrões de higiene, organizações familiares. Muitas vezes, essas ações "civilizatórias" de missionários e administradores eram cercadas por boas intenções para a melhoria da vida dos colonizados, e não devem ser confundidas de maneira mecânica com as políticas genocidas e exploratórias de muitos colonos brancos. Mas elas partiam dos mesmos preconceitos e tinham um resultado parecido: a negação das diferenças e da subjetividade do "outro".

Contra esses efeitos, muitos intelectuais anticoloniais desenvolveram reflexões instigantes e originais, a partir da sua própria experiência de colonizado e "não branco", apropriando-se inclusive da ciência e da cultura ocidentais para questionar o colonialismo. Entre eles, alguns nomes se destacam: William du Bois, George Padmore, Marcus Garvey, Leopold Senghor, Amílcar Cabral, Frantz Fanon. Os três primeiros são nomes fundamentais no chamado "pan-africanismo", teoria que se desenvolveu no século XX e que pregava a unidade dos povos africanos, para além de suas diferenças étnicas, políticas e linguísticas, contra o colonialismo europeu.

O norte-americano Du Bois e o jamaicano Garvey ajudaram a sistematizar o conceito de uma "consciência negra" transatlântica, entendendo o racismo americano e o colonialismo europeu na África como faces da mesma moeda, e que a "consciência negra" era a primeira etapa na luta pelos direitos civis e pela descolonização.

George Padmore, nascido em Trinidad, se filiou ao Partido Comunista dos Estados Unidos, nos anos 1920, e passou a defender a tese da unidade africana contra o colonialismo europeu, mesclando "consciência de raça" à "consciência de classe" através da especificidade dos "trabalhadores negros" que deveriam ser os sujeitos na luta anticolonial e antirracista.

Os africanos Leopold Senghor (senegalês) e Amílcar Cabral (guineense) foram fundamentais na afirmação da dignidade africana contra o colonialismo. O primeiro foi um dos formuladores do conceito de "negritude" e sua obra literária foi reconhecida até na metrópole, pois em 1983 foi eleito para a solene Academia Francesa de Letras. Amílcar Cabral, filho de professores, estudou em Portugal e foi um dos teóricos e estrategistas da resistência anticolonial africana em suas várias formas, da resistência individual passiva à luta armada contra o colonialismo. Com o tempo, afastou-se do conceito de "negritude", que via uma unidade na raça para defender a igualdade política como elemento fundador das lutas antifascistas em Portugal (governado desde 1933 por um regime autoritário) e anticolonialistas na África.

O martiniquense Frantz Fanon produziu uma das obras mais contundentes contra o colonialismo, a partir da apropriação de conceitos filosóficos europeus. Em livros como *Peles negras, máscaras brancas* (1952) e *Os condenados da terra* (1961), Fanon refletiu sobre um dos efeitos mais perversos do colonialismo, a negação da humanidade e da subjetividade do colonizado, que gerava crises de identidade e sofrimentos psíquicos diversos. Fanon foi um dos mais influentes pensadores dos anos 1960, não apenas para as lutas de libertação da África, mas também para as lutas por afirmação política independente do Terceiro Mundo.

As palavras de Amílcar Cabral para justificar a necessidade de independência das colônias africanas sintetizam a clareza política do pensamento de teóricos e militantes da causa anticolonial como ele:

> Nós, em princípio, o nosso problema não é o de nos desligarmos do povo português. Se porventura em Portugal houvesse um regime que estivesse disposto a construir não só o futuro e o bem-estar do povo de Portugal, mas também o nosso, mas em pé de absoluta igualdade, quer dizer que o Presidente da República pudesse ser de Cabo Verde, da Guiné, como de Portugal, etc., que todas as funções estatais, administrativas, etc. fossem igualmente possíveis para toda a gente, nós não veríamos nenhuma necessidade de estar a fazer a luta pela independência, porque todos já seriam independentes, num quadro humano muito mais largo e talvez muito mais eficaz do ponto de vista da História. [...] Mas infelizmente, como sabem, a coisa não é essa; o colonialismo português explorou o nosso povo da maneira mais bárbara e mais criminosa e quando reclamamos um direito de ser gente, nós mesmos, de sermos homens, parte da humanidade".
>
> (Amílcar Cabral e a sua luta pela independência da Guiné-Bissau e Cabo Verde, 25 dez. 2019. Disponível em: <https://pgl.gal/amilcar-cabral-independencia-guine-bissau-cabo-verde/>. Acesso em: mar. 2020).

LEITURAS COMPLEMENTARES

FERRO, Marc. *História das colonizações*: das conquistas às independências: séculos XIII a XX. São Paulo: Companhia das Letras, 1996.

VIZENTINI, Paulo. *A revolução vietnamita*. São Paulo: Ed. Unesp, 2016.

_____. *O grande Oriente Médio*: da descolonização à Primavera Árabe. São Paulo: GEN Atlas/Campus, 2016.

YASBEK, Mustafá. *A revolução argelina*. São Paulo: Ed. Unesp, 2010.

SUGESTÕES DE OBRAS DE FICÇÃO E LIVROS DE MEMÓRIAS

ACHEBE, Chinua. *O mundo se despedaça*. São Paulo: Companhia das Letras, 2009.

Clássico da literatura africana, escrito em 1958, sobre as lutas anticoloniais entre ingleses e nativos.

FIGUEIREDO, Isabela. *Caderno de memórias coloniais*. São Paulo: Todavia, 2018.

Livro baseado na infância da autora em Moçambique, entrecruzando memórias afetivas da família com as contradições do colonialismo.

VARGAS-LLOSA, Mario. *A festa do bode*. Rio de Janeiro: Alfaguara, 2013.

Romance sobre os impasses da América Latina do meio do século XX, centrado nas tensões políticas e sociais da República Dominicana no começo dos anos 1960.

SUGESTÕES DE FILMES DE FICÇÃO E DOCUMENTÁRIOS

A batalha de Argel (*La battaglia di Algeri*), Gilo Pontecorvo, Itália/Argélia, 1965.
Narrado em um tom quase documental, este filme recria a luta dos argelinos pela sua independência e os métodos de repressão do Exército francês contra os rebeldes.

La Noire de..., Sembène Ousmane, França/Senegal, 1966.
Clássico do cinema africano, este filme acompanha a vida de uma migrante africana que trabalha para uma família branca na França.

"Corra, camarada, o Velho Mundo quer te pegar": os anos 1960 e a revolução cultural da juventude

Enquanto o Terceiro Mundo vivia um processo de afirmação bastante violento e complexo, a vida social e política no mundo desenvolvido (Europa Ocidental e Estados Unidos) tampouco estava acomodada. Nessa parte mais rica do mundo, caracterizada pela política do bem-estar social e pela democracia, a década de 1960 sacudiria todas as instituições e os valores vigentes.

Apesar do crescimento econômico e da disponibilidade de bens materiais, um desconforto moral e político atingia setores da sociedade que discordavam das guerras, do colonialismo, do conservadorismo e do racismo presentes em boa parte da opinião pública dos Estados Unidos e da Europa. Os jovens, estudantes ou não, foram os que mais se mobilizaram nesse contexto: além de serem convocados para lutar em guerras com as quais não se identificavam, sentiam o peso do tradicionalismo das instituições e de valores conservadores que lhes tiravam espaço de participação social e política. Em suas críticas ao *establishment* (a ordem social, política e ideológica vigentes), explicitavam as contradições das democracias ocidentais e tentavam propor mudanças para um mundo melhor. Ao mesmo tempo, emergia uma esquerda que também rejeitava o modelo autoritário do socialismo soviético.

Por isso, a década de 1960 é até hoje conhecida como a "era das utopias". Essas utopias radicalizavam os valores reforçados no pós-guerra, como o humanismo, a democracia de massas e os direitos humanos? Ou significavam a invenção de um mundo completamente novo? Em outras palavras, os anos 1960 foram o ápice de uma consciência histórica que já vinha se construindo no pós-guerra ou a ruptura total com os valores do passado? Houve uma década de 1960 "global" com manifestações locais dos mesmos valores universais (liberdade política, anticolonialismo, liberdade comportamental) ou cada país viveu a sua própria "era das utopias", com agendas e valores diferentes conforme o contexto? Quais foram os fatores conjunturais e estruturais que convergiram para causar uma grande convulsão social e política em escala mundial?

Essas são as perguntas que os historiadores vêm fazendo para compreender aquele fascinante momento histórico.

A PROSPERIDADE ECONÔMICA APÓS A SEGUNDA GUERRA MUNDIAL

Nos trinta anos que se seguiram ao final da Segunda Guerra Mundial, nas nações desenvolvidas do Primeiro Mundo, houve um grande crescimento econômico. O baixo índice de desemprego, a ampliação dos serviços públicos de saúde e educação (no caso da Europa) e o maior acesso a bens de consumo fizeram boa parte da população voltar a acreditar no futuro. Até a classe operária desses países passou a ter um nível de vida melhor em relação ao passado, com moradias dignas, elevação dos padrões de consumo e melhoria das condições de trabalho. O operariado europeu, bem como o norte-americano, chegava a desfrutar de um nível de vida invejado até pela classe média dos países mais pobres.

A política de bem-estar social, baseada sobretudo na oferta de serviços públicos gratuitos e na expansão dos direitos trabalhistas, era também uma estratégia para afastar os operários dos partidos revolucionários de esquerda, evitando desestabilizar a ordem social.

Tanto a classe média quanto o operariado especializado tinham, portanto, nesse momento, mais dinheiro sobrando para consumir bens e serviços, como viagens e lazer, eletrodomésticos, automóveis, produtos de higiene e beleza, roupas e acessórios. Essa disponibilidade de recursos, convertida em consumo, fortalecia o capitalismo. A sociedade dos Estados Unidos dos anos 1950 era a síntese desse modo de vida, embora com baixo padrão de serviços públicos gratuitos, se comparados com os europeus. De todo modo, o barateamento de bens de consumo e serviços oferecidos pelo mercado permitiu à população o acesso a um nível de conforto inédito.

Nesse contexto, as elites políticas tentavam expor ao mundo as vantagens da democracia política e do capitalismo como sistemas melhores do que o comunismo soviético, baseado na imposição da igualdade social e com restrições ao consumo de massa. A propaganda, comercial e política, ajudou a disseminar a imagem do *American way of life*, o jeito estadunidense de viver, com o objetivo de inspirar outras nações a almejar fazer parte do chamado "mundo livre".

Todavia, mesmo a sociedade norte-americana e a dos países europeus mais abastados eram marcadas por contrastes e insatisfações. Na Europa, as pessoas que haviam nascido no contexto da Segunda Guerra Mundial e chegavam aos 20 anos se defrontavam com uma sociedade hierárquica, patriarcal, e um sistema político ainda herdeiro do colonialismo e marcado por legados da Segunda Guerra Mundial, como a simpatia persistente de muitos grupos sociais pelo fascismo derrotado, incluindo a incômoda memória abafada da conivência com as perseguições a judeus e ciganos ocorridas durante o conflito. Do outro lado do Atlântico, a sociedade vitrine do mundo capitalista era marcada por valores conservadores e moralistas, herdados do puritanismo religioso que vincula o sucesso material à crença em Deus. Tais valores começaram a entrar em choque com os hábitos e as formas de sociabilidade da juventude estadunidense, em busca de novas sensações e horizontes culturais. Além disso, o racismo e o segregacionismo contra os afrodescendentes continuavam fortes, fazendo com que desde meados dos anos 1950 cada vez mais os negros se organizassem, com o apoio de brancos liberais e antirracistas, para protestar contra essa situação especialmente nos estados sulistas. O crescente mal-estar juvenil foi sintetizado no manifesto de lançamento da organização Estudantes por uma Sociedade Democrática (SDS, em inglês), em 1962. A crítica ao sistema vigente manifesta a emergência de uma nova consciência histórica:

HISTÓRIA CONTEMPORÂNEA 2

> [...] À medida que crescemos, no entanto, nosso conforto foi penetrado por eventos muito perturbadores. Primeiro, foi permeado pela degradação humana, simbolizada na luta contra a intolerância racial do Sul, que obrigou a maioria de nós a deixar o silêncio e aderir ao ativismo. Segundo, a Guerra Fria, simbolizada na presença da bomba, trouxe a consciência de que nós, nossos amigos e milhões de abstratos "outros" [...] podemos morrer a qualquer momento [...] começamos a sentir que aquilo que inicialmente víamos como a "era de ouro" dos Estados Unidos era, na verdade, o declínio de uma era. O surto mundial de revoluções contra o colonialismo e o imperialismo, o fortalecimento dos Estados totalitários, as ameaças de guerra, a superpopulação, a desordem internacional, a supertecnologia – todas essas tendências estavam testando a tenacidade de nosso compromisso com a democracia e a liberdade [...].

> (Manifesto de Port Huron — Estudantes por uma sociedade democrática, 15 jun. 1962. Disponível em: <http://history.hanover.edu/courses/ excerpts/111huron.html>. Acesso em: 25 mar. 2013. Tradução do autor)

Mas, além desse discurso altamente politizado, a insatisfação juvenil também passava pela busca de novas experiências. Nos anos 1950, os indivíduos mais jovens começaram a ganhar mais espaço na vida cultural. Em meio à prosperidade desses anos, nos Estados Unidos, pessoas ainda muito novas, os *teenagers*, começaram a ter algum dinheiro para consumir roupas, revistas e discos. A indústria cultural estava atenta a essa nova realidade. Um mercado próprio para esse setor se estabeleceu, e sua maior expressão foi o *rock'n roll*. Esse estilo de música agressivo e dançante sintetizou uma nova ideia de juventude: "rebelde" contra os valores morais conservadores, extravagante no visual e pouco afeita à vida regrada do mundo do trabalho adulto. Isso ocorreu em um momento histórico em que as famílias de classe média e da classe operária já não precisavam mais do dinheiro do trabalho dos seus filhos, como no passado. Assim, esses jovens podiam buscar mais prazeres no cotidiano, criavam comunidades próprias e experimentavam novas formas de sociabilidade (algumas delas, como a dos *hippies,* mais radicais e marcadas pela utopia de uma vida comunitária libertária, fora e distinta de suas famílias de origem). Em grande parte, a própria lógica da sociedade de consumo dos anos 1950 estimulava essa "rebeldia", pois o consumo específico da juventude gerava bons lucros para as indústrias cinematográfica e fonográfica, além de garantir audiência a programas de rádio e televisão.

"CORRA, CAMARADA, O VELHO MUNDO QUER TE PEGAR" 117

Já na Europa Ocidental, a juventude do pós-guerra ficou caracterizada, predominantemente, pelo "existencialismo", cujas referências centrais eram os filósofos franceses Jean-Paul Sartre e Simone de Beauvoir. *O segundo sexo*, de Simone de Beauvoir, *O existencialismo é um humanismo*, de Jean+Paul Sartre, e *A peste*, de Albert Camus, foram os livros que disseminaram a filosofia existencialista. Os dois primeiros são ensaios filosóficos e o terceiro é um romance sobre as relações humanas e sociais durante uma epidemia. O livro de Simone de Beauvoir apresenta uma visão libertária da condição feminina. Essa filosofia moral e política estimulava a crítica aos valores sociais predominantes e pregava a liberdade total de ideias e de comportamento (inclusive, o sexual), além da igualdade entre os sexos. Questionando profundamente os valores estabelecidos, os existencialistas acreditavam que o ser humano era produto da livre experiência no mundo realmente vivido, e não de uma suposta essência, das heranças culturais ou de tradições religiosas.

Enfim, pela consciência política, pela busca do prazer e da liberdade comportamental, pela crítica filosófica às amarras do mundo burguês e seu padrão familiar normativo, a juventude europeia e a norte-americana começaram a se manifestar em muitas frentes.

Mas havia "outras juventudes", menos afortunadas, ao redor do mundo, que também experimentavam o inconformismo causado não pelas contradições da prosperidade, mas pela experiência da injustiça, do racismo e da miséria.

A LUTA POR DIREITOS CIVIS NOS ESTADOS UNIDOS

A segregação dos afrodescendentes era a grande ferida da tão orgulhosa "democracia americana" na metade do século XX. De fato, o racismo e a desigualdade estavam disseminados em quase todas as regiões dos Estados Unidos, embora fossem mais graves nos estados do Sul, com seu marcante passado escravista, os quais praticavam uma política segregacionista garantida por costumes e até por leis. Embora os afrodescendentes fossem cerca de 12% da população (percentual que era maior nos estados do Sul), em algumas regiões, eles não podiam votar ou se deparavam com exigências tão grandes para poder votar que, na prática, muitos eram excluídos do direito de voto. Além das variadas formas de exclusão política, havia exclusão social. Em diversos lugares, os negros não podiam frequentar as mesmas escolas e banheiros públicos que os brancos. Nos ônibus, tinham que ceder assentos aos brancos ou se sentar em

118 HISTÓRIA CONTEMPORÂNEA 2

filas separadas. Aos negros eram destinados os empregos que exigiam menos qualificação e ofereciam salários baixos, o que alimentava o círculo vicioso da pobreza e do preconceito. Enfim, um quadro muito parecido ao odioso regime do *apartheid* na África do Sul, condenado e isolado pela comunidade internacional. Mas quem, no mundo da Guerra Fria, teria força para isolar e condenar, diplomaticamente, uma superpotência nuclear por esse motivo?

A discriminação racial nos EUA começou a ser questionada de maneira vigorosa e organizada a partir de dentro, na luta por direitos civis na qual os afrodescendentes tiveram um papel central. A principal liderança: um pastor da Igreja Batista da cidade de Montgomery, Alabama, chamado Martin Luther King. A partir de 1954, Luther King passou a defender a resistência contra a segregação, inspirado nas táticas de luta de Mahatma Gandhi, apelando para a "desobediência civil" não violenta.

Em 1955, um acontecimento isolado ganhou uma grande expressão simbólica na luta contra o segregacionismo. Na cidade de Montgomery, uma das mais racistas à época, a jovem Rosa Parks recusou-se a ceder seu lugar no ônibus para um passageiro branco. Rosa acabou sendo presa por isso, e os negros da cidade de Montgomery organizaram um boicote ao transporte urbano, sob a liderança de Luther King. O caso terminou na Suprema Corte, que confirmou a inconstitucionalidade das leis segregacionistas locais.

A partir do final dos anos 1950, a luta pelos direitos civis cresceu e ganhou apoio da população afrodescendente, consciente da sua condição oprimida, e de grupos progressistas brancos, sobretudo jovens universitários e religiosos que não se conformavam com a segregação racial em um país que se vangloriava de ser modelo de democracia para o mundo.

Os atos de desobediência civil e os protestos públicos pela igualdade também aumentaram. Uma das formas mais comuns de protesto era o *sit in*: os negros desafiavam as leis racistas e se sentavam em lugares reservados para os brancos em estabelecimentos comerciais e veículos de transporte público. Tais manifestações acabavam muitas vezes reprimidas com violência.

A eleição de John Kennedy e a nomeação do seu irmão, Robert Kennedy, como secretário de Justiça prometiam levar a luta antissegregacionista para o coração do poder federal, mas inicialmente houve poucos avanços. Embora a aliança entre ativistas negros e brancos desse muita força à luta pelos direitos civis, a resistência a mudanças nos estados segregacionistas e nos segmentos sociais racistas era muito forte. A Ku Klux Klan, violenta organização criada depois da guerra civil para defender a

"CORRA, CAMARADA, O VELHO MUNDO QUER TE PEGAR" 119

"supremacia branca, anglo-saxã e protestante", passou a atacar igrejas e escolas frequentadas por negros e a assassinar pessoas em várias localidades do Sul, incluindo brancos ativistas dos direitos civis. O terrorismo de grupos racistas como esse acabou por estimular protestos de massa em várias cidades estadunidenses, como na de Birmingham em maio de 1963, que desembocaram em violentos conflitos de rua entre negros e brancos racistas, apoiados muitas vezes por forças policiais. Alguns historiadores afirmam que, depois de Birmingham, Kennedy resolveu priorizar a questão dos direitos civis como um problema federal.

"Distúrbios raciais" faziam parte da história de muitas cidades dos Estados Unidos desde o século XIX, mas ganharam um novo sentido no período da luta pelos direitos civis. A confluência entre os protestos pacíficos com grande apoio e articulação política, as revoltas de comunidades afrodescendentes em cidades importantes e o envolvimento de jovens radicais brancos na luta dos negros convenceu a elite política federal de que o racismo segregacionista não poderia ser mais tolerado, sob pena de uma grande revolta contra a própria ordem social. Para convencer o governo federal da urgência dessa agenda, em agosto de 1963, o movimento pelos direitos civis organizou uma grande marcha sobre Washington, durante a qual o líder Martin Luther King proferiu um discurso que correu o mundo:

> Eu tenho um sonho. Eu tenho um sonho de que um dia esta nação se erguerá e experimentará o verdadeiro significado de sua crença: "Acreditamos que estas verdades são evidentes, que todos os homens são criados iguais". Eu tenho um sonho de que um dia, nas encostas vermelhas da Geórgia, filhos de antigos escravos e filhos de antigos senhores de escravos poderão se sentar juntos à mesa da fraternidade. [...] eu tenho um sonho de que meus quatro filhos pequenos viverão um dia numa nação em que não serão julgados pela cor de sua pele, mas pelo conteúdo de seu caráter.
>
> (KING, Martin Luther. *Eu tenho um sonho*. In: KING, Coretta Scott (org.). *As palavras de Martin Luther King*. Trad. Maria Luiza X. de A. Borges. Rio de Janeiro: Jorge Zahar, 2009, pp. 102-3)

Apesar do assassinato do presidente John Kennedy em novembro de 1963 – um evento até hoje obscuro e com muitas interpretações polêmicas sobre suas motivações e autoria –, a agenda de promoção dos direitos civis não foi abandonada, até porque o país estava cada vez mais dividido, com o aumento

120 HISTÓRIA CONTEMPORÂNEA 2

de protestos raciais nas cidades. O governo federal norte-americano, mesmo desconfiando do caráter "subversivo" desses movimentos, como prova a espionagem sistemática que o FBI (a política federal dos Estados Unidos) fazia sobre suas lideranças, não podia deixar que essa questão fosse resolvida por cada estado. Em 1964, o novo presidente Lyndon Johnson sancionou a Lei dos Direitos Civis, criando um marco legal nacional que proibia leis discriminatórias nos diversos estados americanos. Em 1965, a Lei dos Direitos ao Voto proibiu práticas discriminatórias para qualificar os negros como votantes. Essas leis colocaram fim à prerrogativa de cada estado decidir sobre práticas segregacionistas, principal reivindicação dos racistas do Sul. Entretanto, a lentidão de medidas efetivas para acabar com o racismo e a segregação acabou por estimular novos protestos.

No próprio movimento negro, havia várias lideranças e tendências. Havia os que defendiam a desobediência civil pacífica, a aliança com os brancos simpatizantes da causa e a negociação com o governo federal para combater o racismo. Mas também havia adeptos de ações mais contundentes, como a luta armada. O líder mais conhecido dessa segunda corrente era Malcolm X, que não acreditava na integração pacífica entre negros e brancos garantida por leis federais, defendia a "supremacia negra" baseada na afirmação da dignidade dos afrodescendentes e pregava uma mudança radical das estruturas sociais. Em 1966, foi criada a organização Panteras Negras para a Autodefesa inspirada na ideologia marxista. Os Panteras Negras queriam ainda a libertação dos negros presos, indenização pelos séculos de escravidão e isenção de impostos para os afrodescendentes, como forma de reparação econômica pelos efeitos da escravização.

No verão de 1967, uma nova onda de distúrbios raciais explodiu em várias cidades importantes, como Nova York e Detroit, ao mesmo tempo que cresciam os protestos dos jovens contra o envolvimento americano na Guerra do Vietnã. Esses protestos eram temidos pelas lideranças políticas mais conscientes, que acreditavam que o movimento pelos direitos civis poderia se tornar um elemento de desestabilização política e de radicalização da juventude, incluindo os jovens brancos de classe média.

A violência direta dos racistas, agora derrotados pelas leis, também aumentava, sobretudo no Sul. O assassinato de líderes do movimento negro fez parte desse quadro de reação. O assassinato de Martin Luther King, em 1968, gerou nova onda de distúrbios raciais espalhada por 125 cidades dos Estados Unidos.

Apesar das dificuldades e da repressão aos grupos mais radicais, a luta pela igualdade civil entre negros e brancos nos Estados Unidos avançou entre os anos 1970 e 1990. Nessas décadas foram implantadas "políticas afirmativas" de promoção dos afrodescendentes, que consistiam em combater o racismo e a segregação, bem como reservar vagas em universidades, transferir renda e aumentar oportunidades de emprego para eles.

O MOVIMENTO ESTUDANTIL

O movimento estudantil emergiu nos anos 1960 como importante força política na sociedade capitalista. As universidades, que haviam se expandido na primeira metade do século XX para atender à demanda por profissionais mais especializados, ainda mantinham grades curriculares antigas e hierarquias muito rígidas. Isso entrou em choque com os novos valores da juventude e com as transformações sociais e econômicas do mundo. Assim, os estudantes passaram a lutar pela democratização das universidades e, como consequência, pela democratização da sociedade como um todo. Influenciados por filósofos como Herbert Marcuse, questionavam valores morais, econômicos e políticos vigentes, aprendendo a relacionar a vida sob o capitalismo e sua padronização cotidiana no trabalho e no consumo à repressão dos desejos e da subjetividade.

O movimento estudantil universitário nos Estados Unidos engajou-se também nas lutas pelos direitos civis e nos movimentos pacifistas ao lado de outros grupos juvenis não universitários, como o dos *hippies*. Apesar do radicalismo de muitas lideranças estudantis, que defendiam o fim do capitalismo e a mudança total no sistema político e social, a maioria dos estudantes norte-americanos organizados manteve o foco na questão dos direitos civis e na luta pelo fim da Guerra do Vietnã. Já na Europa, o movimento estudantil tentou retomar o espírito das grandes revoluções socialistas dos anos 1910 e 1920. Em muitos países europeus, estudantes mais radicais tentaram estabelecer alianças com o movimento operário, participando de suas greves. Entretanto, as tradicionais centrais sindicais e os partidos de esquerda, como os comunistas e social-democratas, tinham uma visão mais pragmática da luta política. As questões comportamentais não faziam parte de seus programas e o radicalismo juvenil, considerado ingênuo e imediatista, não era levado a sério por líderes sindicais e partidários. Os estudantes, em contrapartida, consideravam os partidos de esquerda tradicionais e as lideranças sindicais operárias acomodados à realidade capitalista e à democracia liberal, pouco empenhados em fazer a revolução. Voltaram então suas esperanças revolucionárias às lutas anticoloniais do Terceiro Mundo, que passaram a apoiar. Ideologias revolucionárias da

122 HISTÓRIA CONTEMPORÂNEA 2

América Latina e da Ásia, como o guevarismo e o maoismo (ver capítulo anterior), eram vistas por eles como superiores aos acomodados e burocráticos partidos comunistas afinados com Moscou.

O ano de 1968 foi o auge das manifestações estudantis no mundo todo, inclusive no Brasil, com objetivos variados. A mais famosa ocorreu na França. Em março de 1968, os estudantes da Universidade de Nanterre em Paris se mobilizaram contra as regras disciplinares e a separação de dormitórios entre mulheres e homens. Alguns estudantes foram punidos, criando um clima de tensão com as autoridades universitárias. A mobilização que começou por uma questão pontual, em uma determinada universidade, rapidamente se espalhou e o clima da revolta chegou à tradicional Universidade de Sorbonne. Desde 1967, o movimento estudantil francês se mobilizava por questões diversas que iam desde a luta por mais liberdades comportamentais até a crítica à Guerra do Vietnã. Mas, em 1968, toda a ordem social e cultural que fundamentava a sociedade francesa e o capitalismo ocidental estava sendo questionada. Para os estudantes parisienses, a repressão sexual, o racismo, o colonialismo, a guerra e o conservadorismo político eram faces de um mesmo sistema que devia ser combatido. O general Charles de Gaulle, herói da resistência antinazista, era o símbolo desse sistema e, portanto, alvo privilegiado dos protestos estudantis. No dia 13 de maio de 1968, a situação na França ficou ainda mais tensa com a eclosão de uma grande greve operária por melhores salários e benefícios. A partir daí, setores mais à esquerda do movimento estudantil francês passaram a defender uma aliança operário-estudantil para realizar a revolução que derrubaria o capitalismo a partir do seu coração, em uma das sociedades mais ricas do mundo. Contudo, os operários negociaram com o governo e os patrões em bases mais realistas e pragmáticas, obtendo um bom aumento salarial que acabou esvaziando a greve. Os estudantes, contudo, mantiveram a ocupação das universidades e suas barricadas nas ruas de Paris, entrando em confrontos diários com a polícia e escrevendo frases espirituosas nos muros.

> *Sob o asfalto, a praia...*
> *A imaginação no poder!*
> *Sejamos realistas, exijamos o impossível!*
> *Corra, camarada. O velho mundo quer te pegar!*

"CORRA, CAMARADA, O VELHO MUNDO QUER TE PEGAR" *123*

Em reação, a sociedade francesa tradicional foi convocada pela direita gaullista e votou em peso nos partidos conservadores nas eleições de junho. Vendo seus sonhos desaparecerem nas urnas, os jovens foram tomados por um sentimento de desilusão, e o movimento entrou em refluxo.

Para determinados militantes estudantis, a revolta mudava de foco. Estudantes e alguns operários jovens, inconformados com o esgotamento dos movimentos de contestação de massa de 1968, decidiram radicalizar suas ações, optando pela luta armada contra os governos capitalistas europeus. Organizaram, então, movimentos inspirados no marxismo revolucionário, defensores da luta armada contra o sistema político e econômico vigente, como as Brigadas Vermelhas (Itália), a Fração do Exército Vermelho Baader-Meinhof (Alemanha) e a Ação Direta (França). Ao longo dos anos 1970, contudo, tais movimentos foram perdendo força, pela repressão e pelo isolamento político.

No caso da Itália, a revolta estudantil e a revolta operária de 1968 desembocariam em ações violentas tanto por parte da direita neofascista quanto da esquerda armada radical em um período, entre o fim dos anos 1960 e o início dos anos 1980, que ficaria conhecido como Anos de Chumbo.

Nessa época, a política partidária italiana estava dividida entre dois grandes partidos: a Democracia Cristã (DC) e o Partido Comunista Italiano (PCI). Este último foi o epicentro de um movimento de renovação política chamado "eurocomunismo", baseado na crítica da teoria marxista-leninista da revolução conforme defendida pelo modelo soviético. O PCI rejeitava a inexorabilidade de uma revolução proletária violenta para se chegar ao socialismo, apostando na participação eleitoral e na conquista da hegemonia junto à sociedade, bem como rejeitava a "ditadura do proletariado" como forma política necessária para construir o futuro Estado socialista. Em outras palavras, o PCI aderia ao princípio de uma democracia eleitoral como valor universal, sem considerá-la "uma forma burguesa incompleta" como faziam outras correntes comunistas e de esquerda que achavam que o eurocomunismo era um revisionismo conservador que traía as ideias de Marx e Lenin. Antes que as imposições da Guerra Fria afastassem os dois partidos, DC e PCI haviam feito uma aliança para "refundar o Estado italiano" depois da Segunda Guerra Mundial, conhecida como "compromisso histórico".

Na Itália, a esquerda armada radical se organizou em vários grupos, dentre os quais o mais ativo era o das Brigadas Vermelhas. Críticos da aproximação de setores da DC com o PCI na defesa de um Estado democrático "universal" acima dos conflitos de classe, militantes das Brigadas sequestraram o primeiro-ministro Aldo Moro (DC), um dos líderes que defendiam a retomada do "compromisso histórico". Depois de um longo cativeiro, Moro foi executado. Como resultado desse assassinato, ocorreu um maior isolamento dos grupos armados italianos, mesmo em relação à esquerda parlamentar. Além disso, a execução de Moro, considerado um progressista, favoreceu os conservadores da DC e as manobras do governo norte-americano para impedir uma grande aliança dos democratas cristãos mais progressistas com os comunistas.

* * *

Embora derrotados em seu objetivo maior e mais ambicioso, fazer a revolução no seio do capitalismo, os movimentos estudantis de 1968 impactaram profundamente os sistemas políticos e culturais dos seus respectivos países. A partir deles, surgiu uma nova geração de intelectuais e de pautas políticas, além de se registrar, para a História, o rosto heroico do ideal juvenil em revolta contra as injustiças do mundo. Temas ligados ao cotidiano (como as relações amorosas), à liberdade sexual e ao corpo se impuseram nos debates públicos. Assim, o principal legado de 1968 foi a necessidade de se combater o autoritarismo nas microrrelações cotidianas e nas instituições sociais que, muitas vezes, coexistem com macrossistemas políticos democráticos.

As mobilizações da década de 1960 também contribuíram para o fortalecimento da luta das mulheres, uma das conquistas dos valores contraculturais e da onda libertária que tomaram conta das consciências, cujas pautas se espalhariam ao redor do mundo.

O SÉCULO DAS MULHERES

A década de 1960 foi um marco importante na luta pela afirmação dos direitos das mulheres. Os movimentos feministas que então ocuparam as ruas e se impuseram no debate público exigiam mais oportunidades de trabalho e igualdade de direitos em relação aos homens, criticando duramente a exclusividade obrigatória dos tradicionais papéis sociais da mulher (mãe, esposa), o machismo e a violência doméstica. Além disso, muitas feministas rejeitavam os padrões de beleza impostos pela indústria da moda e pelos meios de comunicação, dominados por grandes grupos capitalistas e pautados por valores conservadores. Mas o protagonismo feminino e a luta pela igualdade de direitos e oportunidades já tinham uma longa história.

Em 4 de junho de 1913, Emily Davison se atirou na frente de um cavalo no famoso Derby (corrida de cavalos) que reunia a alta sociedade inglesa com o objetivo de chamar a atenção para o movimento sufragista, que exigia direito de voto para as mulheres e evidenciava o protagonismo feminino organizado. Graças à luta feminista, o direito ao voto acabou sendo conquistado (duramente) em boa parte do mundo ocidental entre os anos 1920 e 1940. As mulheres também haviam atuado em muitos movimentos de trabalhadores do início do século XX, incluindo a passeata que desencadeou a Revolução de Fevereiro na Rússia, em 1917, e que derrubou o czarismo. A presença feminina nas fábricas cresceu impulsionada pela demanda por mão de obra especialmente nos períodos de guerra. E, na Segunda Guerra Mundial e nos movimentos de libertação nacional anticoloniais dos anos 1950 e 1960, muitas mulheres haviam lutado como soldadas e guerrilheiras, lado a lado com os homens, embora sua participação seja pouco lembrada.

Paradoxalmente, no pós-guerra, a luta pela igualdade e pela emancipação feminina sofreu forte reação em vários países ocidentais. Grupos conservadores e religiosos criticavam os novos papéis da mulher, entendendo que elas deveriam "voltar para o lar", restringindo-se ao cuidado com a casa e a educação dos filhos, enquanto os homens saíam para o espaço público para trabalhar e fazer política. Nos anos 1950, houve certo retrocesso e, no mundo profissional, poucas profissões – como as de secretária, professora primária – eram consideradas adequadas às mulheres. O preconceito contra elas era pior nas sociedades dominadas pelo patriarcalismo, como na América Latina. Embora algumas mulheres conseguissem se afirmar profissionalmente, na vida intelectual e na artística, no geral, encontravam grandes obstáculos, pois a maioria das oportunidades era reservada aos homens.

Quando a onda revolucionária da década de 1960 sacudiu valores e costumes estabelecidos, o movimento feminista ampliou sua agenda para além de objetivos políticos, econômicos e educacionais, passando a exigir para as mulheres direito ao prazer, à liberdade sexual e a decidir sobre o próprio corpo (incluindo a luta pela descriminalização do aborto). O surgimento da pílula anticoncepcional ajudou a impulsionar essa nova pauta.

Hoje, apesar dos avanços femininos nos direitos individuais, no campo da liberdade sexual e no acesso ao mercado de trabalho, mesmo nos países ocidentais democráticos persistem desigualdades salariais e de oportunidades profissionais entre homens e mulheres, sobretudo em cargos de comando. O número de mulheres chefes de Estado, parlamentares e presidentes de corporações ainda é reduzido. Além disso, a violência contra a mulher e o feminicídio continuam muito presentes na América Latina, na África, e mesmo na Europa e nos Estados Unidos. Até as conquistas relacionadas à liberação dos costumes, que pareciam irreversíveis, encontram-se atualmente ameaçadas por movimentos religiosos conservadores.

126 HISTÓRIA CONTEMPORÂNEA 2

> Há lugares em que a situação das mulheres é ainda pior. No mundo muçulmano, em países como Afeganistão ou Arábia Saudita, por exemplo, às mulheres são negados muitos dos direitos civis; elas são obrigadas a andar cobertas dos pés à cabeça e, muitas vezes, também devem esconder boa parte do rosto deixando apenas os olhos descobertos em público. Se descumprirem as leis, podem sofrer punições na forma de castigos corporais autorizadas pela legislação.
>
> Assim, apesar de o século XX ser chamado de "Século das Mulheres" em razão das transformações aceleradas na condição das mulheres e do protagonismo feminino no espaço público e na produção de riquezas nas sociedades, ainda há um longo caminho de lutas a percorrer até a plena igualdade de oportunidades e direitos entre homem e mulher.

A partir dos anos 1960, os homossexuais – que sofriam com preconceitos e discriminações desde pelo menos o século XIX, quando passaram a ser reprimidos com mais intensidade na emergência da sociedade burguesa e seus modelos de masculinidade e de família – passaram a lutar pelo direito de se assumir no espaço público, sem sofrer humilhações ou sanções de qualquer espécie. Em países como Estados Unidos e Inglaterra, corações da democracia ocidental, até os anos 1950 a prática da homossexualidade poderia sofrer sanções, como a perda de emprego ou a internação em hospitais psiquiátricos. As mudanças comportamentais e os novos valores destacados nos "Anos Rebeldes" impulsionaram também o combate à discriminação contra os homossexuais e a luta por direitos, como a aceitação da união civil de pessoas do mesmo sexo e a condenação social e legal da homofobia. Contudo, apesar das conquistas do movimento gay, há ainda hoje cerca de 70 países onde a homossexualidade é ilegal. Alguns deles, como Irã e Arábia Saudita, punem homossexuais com enforcamento ou outro tipo de pena de morte.

UM OUTRO 68: AS LUTAS ANTIAUTORITÁRIAS NA AMÉRICA LATINA E NO BLOCO SOCIALISTA

Houve um "outro 68", tão rebelde quanto o que ocorreu na Europa e nos Estados Unidos, mas, muitas vezes, menos lembrado pela mídia e pela memória social. As lutas anticoloniais, cujo símbolo maior era a brava resistência do Vietnã contra a agressão militar norte-americana, as lutas sociais por democracia no Leste Europeu contra o modelo autoritário soviético e as lutas por justiça social na América Latina são exemplos desse outro 68.

"CORRA, CAMARADA, O VELHO MUNDO QUER TE PEGAR" 127

A utopia da "revolução terceiro-mundista" que pautava as lutas anticoloniais perdeu seu grande símbolo em 1967, Ernesto Che Guevara. Guevara, o "guerrilheiro heroico" da esquerda juvenil, morreu nas selvas da Bolívia, sem apoio dos camponeses locais e caçado por uma patrulha de militares bolivianos treinados pelos Estados Unidos. Desde 1965, Guevara tentava exportar o modelo de revolução baseado na criação de um "foco" guerrilheiro, tática bem-sucedida em Cuba, para a África e para América Latina. Em 1968, Guevara "renasceria" nas ruas de Paris e em outras capitais europeias, com a clássica foto do seu rosto, olhando ao longe, estampada em cartazes e camisetas. Nesse momento, a Revolução Cultural maoista também era vista como inspiração para os impasses da esquerda europeia, idealizada como uma busca de igualdade radical, mesmo dentro de um Estado já comunista, como na China. Os sonhos radicais dos anos 1960, na ânsia de apagar as injustiças do mundo, não tinham tempo para reflexões críticas sobre esses processos e suas contradições, nem para dúvidas ou hesitações. A juventude rebelde tinha pressa e, como dizia o *slogan*: "o único dever do revolucionário era fazer a revolução". O maoismo e o guevarismo eram exemplos dessa "vontade de potência" contra a "pobreza objetiva da realidade".

Em 1968, a guerra no Vietnã começava a virar contra os americanos, fustigados nas selvas do país e tendo seu envolvimento questionado pelos próprios cidadãos dos EUA. A vontade de resistir dos vietnamitas era acompanhada de uma impressionante organização política e militar, tanto do Exército regular do Vietnã do Norte, com por parte dos guerrilheiros vietcongues.

Na América Latina, sob a sombra de golpes e regimes militares que se instalavam em nome do combate ao comunismo, alguns chegaram a acreditar que a luta armada inspirada na Revolução Cubana iria realizar a independência econômica nacional e continental.

No México, governado por um regime autoritário que se reproduzia por conta de fraudes eleitorais desde os anos 1920, o movimento estudantil criticava a corrupção e exigia mudanças efetivas para uma melhor distribuição de renda. Em um protesto contra os gastos das Olimpíadas que seriam realizadas na Cidade do México, centenas de estudantes foram mortos na praça Tlatelolco por forças policiais e paramilitares a serviço do governo.

Na Argentina, em 1969, uma grande revolta protagonizada por jovens operários em Córdoba abalou o governo militar implantado em 1966, abrindo caminho para a realização de futuras eleições, que seriam realizadas em 1973, e para a volta do velho líder Juan Domingo Perón, então no exílio. Surgiu também no país um forte movimento "peronista de esquerda" com um discurso anti-imperialista e nacionalista além de um braço armado, os Montoneros. Entre 1976 e 1983, a Argentina conheceria outra ditadura militar de extrema direita, mais violenta de que a primeira, responsável por um saldo de 20 mil "desaparecidos políticos".

No Uruguai, surgiram os Tupamaros, um dos principais grupos guerrilheiros da América Latina, inspirados no castrismo, que só seria derrotado depois do golpe militar de 1973.

No Brasil, no combate ao regime militar implantado em 1964, muitos militantes aderiram à luta armada, sobretudo em torno da liderança de Carlos Marighella, da Ação Libertadora Nacional, que, junto a outro grupo, o Movimento Revolucionário Oito de Outubro, realizou uma das ações mais ousadas da década: o sequestro do embaixador norte-americano no Brasil, Charles Elbrick. Apesar disso, a guerrilha sem apoio social mais amplo e cada vez mais isolada, acabaria derrotada pela feroz repressão das forças de segurança, à base de execuções extrajudiciais, torturas e desaparecimentos/assassinatos.

No Chile, o fim da década de 1960 marcou o fortalecimento das organizações sociais e dos partidos de esquerda que ajudaram a eleger Salvador Allende, do Partido Socialista. Allende tomou posse em 1970 defendendo a construção do socialismo pela via constitucional, sem ruptura com a ordem e sem insurgência armada. Mesmo assim, seu governo foi boicotado pelas direitas, não conseguiu dinamizar a economia e acabou sendo derrubado por um sangrento golpe de Estado apoiado pelos Estados Unidos, em 1973. Podemos dizer que o governo da Unidade Popular chilena (aliança política de comunistas, socialistas e outros grupos de esquerda e centro-esquerda) foi a última grande utopia de transformação social, e sua derrota acabou sendo traumática para o continente e para a esquerda mundial. Em contraponto com as utopias e o clima libertário da década anterior, os anos 1970 na América Latina seriam marcados pela realidade violenta das ditaduras.

A base social de muitas dessas experiências de contestação política e luta armada na América Latina dos anos 1960 e início dos anos 1970 foi a juventude estudantil de classe média. No continente, o inconformismo geral da juventude encontrava razões que iam além do mal-estar diante de uma sociedade moralmente conservadora. Aqui, o mal-estar foi causado sobretudo pela percepção da miséria e das injustiças sociais. Claro, a juventude latino-americana não ficou imune a temas comportamentais em voga no mundo todo. Movimentos importantes como o tropicalismo no Brasil, a cultura roqueira na Argentina e a "contracultura mexicana" foram capítulos significativos da contracultura global, com peculiaridades que não podem ser explicadas

"CORRA, CAMARADA, O VELHO MUNDO QUER TE PEGAR" *129*

pela mera vocação imitadora do Terceiro Mundo em relação às modas dos principais centros capitalistas, como Londres, Nova York ou Paris.

Outra experiência de luta antiautoritária dos anos 1960 ocorreu no Leste Europeu tutelado pela União Soviética. Em países como a Polônia e a Tchecoslováquia, vários setores sociais criticavam o modelo soviético, centralizado, estatizante, autoritário, baseado na vigilância policial constante sobre os cidadãos.

Na Tchecoslováquia, em janeiro de 1968, Alexander Dubcek foi escolhido como primeiro secretário do Partido Comunista, o único partido então autorizado. Dubcek, contudo, representava uma corrente reformista dentro do partido e prometia um "socialismo com rosto humano", *slogan* que criticava a burocracia sisuda, a falta de liberdade de expressão e grande repressão a dissidentes na região. Suas reformas foram malvistas pelos soviéticos, que ficaram com receio de a Tchecoslováquia acabar sendo uma rachadura na "cortina de ferro" formada por países alinhados a Moscou. Em agosto, tropas do Pacto de Varsóvia invadiram o país, forçando a renúncia do líder reformista. A população, que procurou resistir mesmo desarmada, não pôde deter o fim da chamada Primavera de Praga.

As experiências políticas da Tchecoslováquia e do Chile expressam duas belas e trágicas tentativas de construir uma experiência socialista plural, que preservasse as liberdades civis e individuais. Curiosamente, foram derrotadas pela ação dos Estados Unidos e da União Soviética, respectivamente, em nome de interesses geopolíticos disfarçados de "defesa da democracia", no caso do Chile, ou "defesa do socialismo", no caso da Tchecoslováquia. A lógica férrea e bipolar da Guerra Fria, definitivamente, não permitia alternativas, para azar dos ideais da democracia e do socialismo, dois vetores fundamentais do humanismo contemporâneo.

A CONTRACULTURA E AS ARTES

"Contracultura" é o termo que sintetiza as atitudes, os comportamentos e as expressões artísticas e intelectuais que rejeitavam a sociedade de consumo idealizada do *American way of life*. Nos Estados Unidos, uma das matrizes da contracultura nasceu nos anos 1950, o movimento literário *beatnik*. Livros hoje clássicos, como *On the Road* (*Pé na estrada*), de Jack Kerouac, expressavam um tipo de vida que se realizava em viagens pelo país, na liberdade criativa do jazz e nas relações humanas livres dos valores vigentes na sociedade. Os adeptos desse movimento, os *beatniks*, seriam uma importante referência para os *hippies*

130 HISTÓRIA CONTEMPORÂNEA 2

da década de 1960, grupos de jovens que saíam da casa dos pais para fundar comunidades alternativas. Nessas comunidades, em contraposição à sociedade industrial, faziam artesanato, e, rejeitando o modelo de família burguesa e o casamento monogâmico, praticavam o "amor livre". Os *hippies* usavam roupas despojadas e coloridas, cabelos compridos e desgrenhados; com esse visual, procuravam negar a sobriedade que caracterizava as pessoas da classe média, sempre de cabelos penteados, roupas discretas e hábitos contidos. Nos EUA, o movimento *hippie* teve um papel importante na luta contra a Guerra do Vietnã, pois muitos jovens recrutados pelo exército fugiram para as comunidades *hippies* e nelas se estabeleceram, vivendo à margem da sociedade e cultuando o pacifismo. Os musicais *Hair* (1969) e *Jesus Cristo Superstar* (1970), sucessos da Broadway que foram transformados em filmes, ajudaram a popularizar o visual *hippie* ao redor do mundo. Outro grande sucesso cinematográfico da época, *Sem destino* (*Easy Rider,* de 1969, dirigido por Dennis Hopper), retratou o clima de tensão e de isolamento dos *hippies* em relação à "América profunda", com a história de dois motoqueiros libertários que vagavam pelas estradas e acabam sendo mortos por dois homens do interior provinciano e conservador.

O ideal dos movimentos de contracultura era fundir a vida cotidiana e as artes na construção de um novo mundo a partir dos indivíduos, subvertendo os valores da sociedade por dentro. Naquele contexto, o ideal das vanguardas artísticas dos anos 1910 e 1920 foi retomado pelos jovens em busca de novas estéticas e novos circuitos de expressão, fora da cultura de massa e das instituições culturais oficiais. Ainda que esse movimento contracultural não tenha passado despercebido da indústria cultural e dos meios de comunicação de massa, dominados por grandes interesses capitalistas, boa parte da produção e do consumo artístico se fez por circuitos alternativos, chamados de *undergrounds.*

A década de 1960 também foi caracterizada por uma grande explosão criativa nas artes que não apenas expandiu esses circuitos alternativos, como também mudou os padrões da indústria da cultura e do entretenimento. Um grande símbolo da década foi o conjunto musical inglês The Beatles, que teve uma carreira fulminante entre 1962 e 1970, quando se dissolveu para desespero dos fãs. A trajetória dos Beatles demonstra a confluência entre cultura jovem, rock, contracultura e arte de vanguarda, tudo isso acontecendo dentro e fora do grande mercado, ao mesmo tempo. A banda começara tocando rock'n roll em clubes operários juvenis na Inglaterra e na Alemanha, mas logo fez sucesso em todo o mundo, provocando a "beatlemania", como ficou conhecida a paixão quase histérica dos fãs pelos "quatro fabulosos", John, Paul, George e Ringo. Por volta de 1966, no auge da fama e do faturamento, os Beatles começaram a mudar a carreira, na direção de músicas com letras mais densas e incorporando alguns experimentalismos musicais e tecnológicos. O histórico álbum *Sargeant Pepper's Lonely Hearts Club Band*, lançado em 1967, revolucionou os padrões de composição, gravação e edição da música popular, fundindo o popular e o erudito, a vanguarda e a cultura de massa, o entretenimento e a "alta cultura".

O rock, como um todo, viveu seu auge criativo, e chamou a atenção do mundo intelectualizado. De música adolescente dançante, transformou-se em epicentro da contracultura, dos experimentalismos estéticos e das contestações juvenis. O festival de Woodstock, nome de uma grande fazenda no estado de Nova York, foi o auge do encontro da música pop com a contracultura e o movimento *hippie*. Durante três dias (em agosto de 1969), 500 mil jovens puderam experimentar a sensação de liberdade absoluta, as drogas da moda e o amor livre, além de ouvir boa música. Ao final, entretanto, uma imagem contrastante com aquela utopia: na fazenda já vazia, sobrou centenas de toneladas de lixo, como seria mostrado na cena final do documentário sobre o festival. O festival celebrou "a paz e o amor", como dizia o *slogan*, e foi um grande protesto contra a Guerra do Vietnã, com o lendário guitarrista Jimi Hendrix fundindo na sua guitarra distorcida a melodia do hino dos Estados Unidos ao som que imitava as bombas despejadas sobre Hanói. Já em Altamont (Califórnia), em show realizado alguns meses depois de Woodstock e protagonizado pela outra superbanda dos anos 1960, os Rolling Stones, a violência explodiu. A gang de motociclistas Hell's Angels, que fazia a "segurança" do show, se envolveu em muitas brigas com a plateia, chegando a matar um rapaz negro. O episódio escancarou os limites da revolução contracultural que sonhava em mudar a sociedade "por dentro" e para melhor. Nesse caso, o preconceito e a violência social invadiram a "bolha" da contracultura. Aliás, seria melhor dizer que a própria contracultura tinha seu lado B, violento e autodestrutivo. John Lennon, ao anunciar o fim dos Beatles, proferiu a frase icônica que revelava o clima de ressaca contracultural no final da década: "O sonho acabou".

Ainda que o sonho tenha acabado, ficou literalmente gravado em músicas fantásticas. A música popular como um todo teve uma década muito criativa, com artistas e público que acreditaram que, para mudar o mundo, era preciso, sobretudo, "cantar". Em vários países do mundo, houve uma grande explosão nessa área, com a entrada em cena de jovens talentosos e intelectualizados, que se apropriavam de formas musicais populares, dando-lhes novo sentido cultural e político. Essa renovação foi particularmente impactante nas Américas, de norte a sul, com o surgimento da Nueva Canción na América Hispânica, da Bossa-Nova e da MPB no Brasil, e do rock, do folk e da black music nos Estados Unidos.

132 HISTÓRIA CONTEMPORÂNEA 2

Nas artes plásticas, as maiores expressões da contracultura foram a *pop art* e a "arte conceitual". A *pop art* criava obras em que os temas, as formas ou os materiais empregados faziam alusão crítica à sociedade industrial. A arte conceitual retomava a crítica radical à arte como forma de expressão do "bom gosto" e do prazer estético, tal como defendiam as instituições tradicionais ligadas ao gosto burguês. Para os artistas conceituais, a arte era uma expressão intelectual, uma intenção que não necessariamente se transformaria em obra ou em forma. A atitude transgressora do artista, seus gestos e seu corpo eram mais importantes do que a obra em si.

Depois da década de 1960, seus dramas e utopias, o mundo nunca mais foi o mesmo. A década seguinte ainda teria reflexos das lutas contraculturais, mas o sistema capitalista se revelaria mais resistente do que supunha a rebeldia juvenil. Mesmo enfrentando novas crises.

LEITURAS COMPLEMENTARES

FRIEDLANDER, Paul. *Rock'n roll*: uma história social. Rio de Janeiro: Record, 2002.

HOBSBAWM, Eric. *A era dos extremos*: o breve século XX. São Paulo: Companhia das Letras, 1995.

JUDT, Tony. *Pós-guerra*: uma história da Europa desde 1945. Rio de Janeiro: Objetiva, 2008.

REIS FILHO, Daniel Aarão (org.). *1968*: reflexos e reflexões. São Paulo: Edições Sesc, 2018.

VENTURA, Zuenir. *1968*: o ano que não terminou. Rio de Janeiro: Objetiva, 2013.

SUGESTÕES DE OBRAS DE FICÇÃO, ENSAIOS E BIOGRAFIAS

BEAUVOIR, Simone. *O segundo sexo*. Rio de Janeiro: Nova Fronteira, 2019.
Clássico do ensaísmo filosófico, este livro analisa a condição feminina, lançando as bases para o movimento feminista da segunda metade do século XX.

KEROUAC, Jack. *On the Road*: pé na estrada. Porto Alegre: LP&M, 2004.
Clássico da literatura *beat,* movimento que influenciou a contracultura dos anos 1960, uma ode à liberdade existencial da juventude e à busca de uma sociedade alternativa ao *American Way of Life*.

MOSER, Benjamin. *Sontag*: vida e obra. São Paulo: Companhia das Letras, 2019.
Biografia de uma das mais importantes intelectuais norte-americanas, autora de uma obra que sintetiza as mudanças de perspectiva dos anos 1960 e 1970, cuja vida reflete o novo lugar reivindicado pelas mulheres na sociedade.

SUGESTÕES DE FILMES DE FICÇÃO E DOCUMENTÁRIOS

O fundo do ar é vermelho (*Le Fond de l'air est rouge*), Chris Marker, França, 1977.
Este documentário analisa as mudanças e a crise das esquerdas após as revoltas de 1968 e as derrotas e os impasses políticos dos anos 1970.

Utopia e barbárie, Silvio Tendler, Brasil, 2009.
Homenagem às lutas sociais e utopias revolucionárias do século XX, sem fugir da reflexão sobre as causas que as levaram à derrota diante da ascensão do conservadorismo.

No intenso agora, João Moreira Salles, Brasil, 2017.
Visão melancólica e subjetiva, permeada por imagens raras de arquivos pessoais, sobre as lutas e as utopias dos anos 1960.

Do "fim dos 30 gloriosos" à Terceira Revolução Industrial: rumo à globalização

OS ANOS 1970 E A "CRISE DAS UTOPIAS"

Na década de 1960, as comunicações de massa, sobretudo a televisão, tiveram um impressionante desenvolvimento tecnológico. Satélites colocavam regiões distantes do planeta em contato entre si, "ao vivo, em cores". Nesses anos de revolução cultural jovem, tinham sido abalados valores e instituições, sobretudo nos países mais ricos do planeta. Muitos comportamentos também foram questionados e modificados. A mídia, a indústria da moda, as universidades e as artes foram particularmente afetadas.

A rebeldia juvenil e sua luta por mudanças comportamentais, contudo, acabariam dando lugar aos ditames da moda e do mercado consumidor, gerando grandes lucros para o sistema capitalista. As motivações de muitos se transformaram na busca de prazer pelo prazer e a qualquer preço (com o uso e o abuso de drogas de todo tipo, por exemplo).

Ainda assim, o começo dos anos 1970 viu crescer a luta por mais direitos, respeito e participação social das mulheres e dos homossexuais.

Os Estados Unidos iniciaram a nova década em crise – política, moral, social – provocada pela derrota na Guerra do Vietnã, por impasses militares e políticos, e pelo escândalo de espionagem contra o Partido Democrata, orquestrada pelo presidente Richard Nixon (reeleito em 1972), que o levaria à renúncia em 1974.

No mundo subdesenvolvido, o paradoxo entre as utopias de libertação nacional e social, assim como a realidade das ditaduras e das violências generalizadas, dava o tom.

Na Ásia, a Revolução Cultural chinesa arrefecia, pois o Exército, temeroso de uma nova guerra civil no país entre as facções do Partido Comunista, resolveu controlar os ímpetos da juventude radicalizada pelo maoismo. O Japão, por sua vez, consolidava sua vocação para a indústria de eletrônicos e portáteis, tornando-se uma das maiores potências econômicas mundiais.

Na África, o processo de descolonização estava praticamente concluído, com poucas colônias restantes, mas os conflitos políticos internos aumentavam. A década de 1960, que começara sob o signo da esperança, terminou com as imagens terríveis das crianças subnutridas na guerra civil na Nigéria, por conta da tentativa de separação de Biafra, uma de suas províncias. Assim como ocorreu com o Vietnã, as impactantes imagens dessa guerra circularam pelo mundo com grande velocidade, oferecidas nos telejornais diários aos olhos de bilhões de pessoas ao redor do mundo.

Na maior parte do continente latino-americano, as elites conservadoras e os Exércitos Nacionais, aliados dos Estados Unidos, tinham imposto às populações governos autoritários e anticomunistas. A partir de 1973, com o cerco e a posterior aniquilação das últimas guerrilhas de esquerda, além da queda do governo socialista de Salvador Allende no Chile, encerrava-se a "era das utopias" no continente.

Nessa época, parte dos grupos de esquerda sentiu-se obrigada a mudar seus pontos de vista. Nas décadas de 1950 e 1960, chegaram a acreditar piamente na legitimidade da chamada "violência revolucionária", contra a opressão colonial ou social, que no fundo era uma releitura da tradição da luta contra a "tirania política", elaborada pela filosofia liberal clássica dos séculos XVII e XVIII. Assim, muitos intelectuais humanistas e militantes

DO "FIM DOS 30 GLORIOSOS" À TERCEIRA REVOLUÇÃO INDUSTRIAL **135**

tinham certeza de que a violência do oprimido era uma resposta natural e necessária para se libertar da opressão. A realidade na década de 1970, porém, abalaria essa crença e questionaria sua eficácia.

A ditadura do Khmer Vermelho, no Camboja, por exemplo, impactou a opinião pública mundial e desiludiu mesmo aqueles que se consideravam "progressistas" e "de esquerda", apoiadores da descolonização e das lutas por autonomia do Terceiro Mundo. Em 1975, no mesmo ano em que terminou a Guerra do Vietnã, um grupo de inspiração maoista tomou o poder no país vizinho, o Camboja. Se a luta vitoriosa dos vietnamitas contra os estadunidenses angariou grande simpatia mundial, o resultado da experiência socialista do Camboja foi o oposto. Até 1979, o grupo liderado por Pol Pot, na tentativa de implantar uma nova sociedade no Camboja inspirada em valores anticoloniais e comunistas, coletivizou as terras e perseguiu todos os cidadãos urbanos e letrados do país, considerados "ocidentalizados", forçando-os a se transformar em camponeses e a trabalhar em fazendas coletivas. Nesse processo, cerca de 1,5 milhão de pessoas morreram, milhares foram presas e mortas sob tortura. Pol Pot acabaria sendo derrubado por dissidentes socialistas locais, com o apoio do Vietnã, alarmados com o extremismo de sua política repressiva. De todo modo, a ditadura cambojana ajudou a colocar em xeque a crença cega na "violência revolucionária" como forma de sanar os males do Terceiro Mundo. Para piorar a imagem do comunismo, a China, que apoiava Pol Pot, ameaçou invadir o Vietnã, apoiado por sua vez pela União Soviética. Nunca o "mundo comunista" experimentara tal crise internacional, enfraquecendo a tese – que se revelava mera propaganda – de que só no mundo capitalista as nações travavam guerras entre si.

Na América Latina, a vitória da Revolução Sandinista na Nicarágua, em 1979, renovou momentaneamente o romantismo utópico das esquerdas, com a esperança do surgimento de um novo país socialista, plural, construído em bases humanistas, como prometiam os líderes revolucionários. Mas as disputas políticas internas dentro da Frente Sandinista de Libertação Nacional logo impuseram o princípio de realidade jogando água fria nesse sonho socialista, além das ações de sabotagens articuladas pelo governo dos Estados Unidos.

Por outro lado, a brutal repressão das ditaduras militares de direita contra opositores, armados ou não, também fez abalar a consciência de parte das elites liberais, que defendiam a violência policial e o autoritarismo como remédios contra o "comunismo" e a "subversão". As ditaduras argentina,

136 HISTÓRIA CONTEMPORÂNEA 2

brasileira e chilena, entre outras, eram fortemente criticadas pelas torturas sistemáticas que empregavam, as prisões clandestinas e os "desaparecimentos" de opositores. Essas críticas, ao lado da autocrítica de setores das esquerdas contra seus próprios valores autoritários, alimentariam na América Latina a luta pelos direitos humanos e a crença no valor universal da democracia, ainda que essa palavra tivesse significados diferentes para liberais e socialistas.

MUDANÇAS NA ECONOMIA MUNDIAL E "CRISES DO PETRÓLEO"

Ao longo dos anos 1970, os Estados Unidos e os países da Europa Ocidental passaram por grandes mudanças econômicas. Ao menos duas são particularmente importantes para se entender o novo capitalismo que surgiria a partir de então: a mudança no padrão monetário mundial e os "choques de preços do petróleo".

Para controlar a inflação e financiar seu enorme *déficit público* (diferença entre arrecadação e gastos estatais) por causa da Guerra do Vietnã, os Estados Unidos impuseram mudanças no padrão monetário mundial. Desde 1944, as moedas dos principais países do mundo capitalista eram atadas ao dólar, em sistema de "câmbio fixo", que por sua vez era regulado pelo estoque de ouro dos Estados Unidos (padrão-ouro). A partir de 1971, passou a vigorar o "câmbio flutuante", com as moedas sendo comercializadas livremente entre si, conforme preços regulados pela oferta e pela demanda. Obviamente, o dólar estadunidense continuou sendo a moeda de regulagem das trocas internacionais, devido à força política e econômica dos EUA, mas a política monetária ganhou autonomia em relação às regras de valor do padrão-ouro. Isso significou que os Estados Unidos passaram a poder regular a emissão de dólares para o mercado interno (e externo), valorizar ou desvalorizar sua moeda em relação às outras, sem se preocupar com as regras restritivas do padrão-ouro. Na prática, a desvalorização do dólar, por conta dessa nova política monetária, acabaria provocando desvalorização nas principais moedas nacionais europeias (libra inglesa, franco francês, marco alemão, entre outras). E se o dinheiro de um país está desvalorizado, as importações ficam mais caras e os preços das mercadorias tendem a aumentar.

Nos anos de 1973 a 1979, a economia mundial, sobretudo a europeia, foi abalada em razão de dois "choques de preços" do petróleo ocorridos nesses anos em decorrência de crises geopolíticas no Oriente Médio, principal região

DO "FIM DOS 30 GLORIOSOS" À TERCEIRA REVOLUÇÃO INDUSTRIAL *137*

produtora. Em 1973, durante a chamada Guerra do Yom Kippur, entre árabes e israelenses, os Estados Unidos (e a Europa Ocidental como um todo) tomaram posição a favor de Israel, seu tradicional aliado no Oriente Médio. Como tanto os estadunidenses como os europeus eram dependentes do petróleo, os países árabes, grandes produtores, aproveitaram essa situação como uma arma econômica e impuseram um aumento de mais de 100% nos preços do produto até o final daquele ano, contando com a maioria de votos na Organização dos Países Exportadores de Petróleo (Opep). Até então, os países desenvolvidos haviam comprado petróleo a preços muito baixos, fixados em dólar, pois dominavam a produção por meio das suas poderosas multinacionais, como a Esso e a Shell. Porém, os países exportadores, aproveitando-se da crise política, nacionalizaram algumas empresas de extração do produto. Com isso, os países importadores do produto tiveram que aceitar os novos preços. Vale lembrar que o petróleo tinha se tornado o principal insumo da economia industrial e da sociedade de consumo no pós-Segunda Guerra, substituindo o carvão; era usado não apenas para produzir combustível de veículos, mas também para aquecer as casas e gerar energia elétrica.

Em 1979, a crise começou no Irã, um dos grandes produtores de petróleo do mundo, e contribuiu para desestabilizar ainda mais o mercado mundial do petróleo, com novos aumentos de até 150%. Naquele ano, a chamada Revolução Iraniana derrubou o xá Mohamed Reza Pahlevi, que governava o Irã de forma autoritária, em uma monarquia com poderes absolutos e altamente repressiva contra os opositores.

Reza Pahlevi era aliado dos Estados Unidos e subira ao poder graças a um golpe de Estado dado em 1952 patrocinado por ingleses e estadunidenses. No final dos anos 1970, a oposição popular ao regime cresceu, sob a justificativa de que a ocidentalização promovida pelo governo, sobretudo no comportamento moral e nas relações entre homens e mulheres, entrava em choque com os valores tradicionais da religião islâmica. A rejeição a um regime de governo apoiado pelos EUA, mas odiado pela maioria dos iranianos, traduziu-se na rejeição a valores comportamentais (sobretudo os de cunho sexual) e culturais vindos do Ocidente, vistos como degenerados e desagregadores das tradições islâmicas. Milhões de pessoas saíram às ruas para exigir a saída do xá. E, em janeiro de 1979, a revolução liderada pelo aiatolá ("sábio religioso") Ruhollah Khomeini triunfou, instalando a República Islâmica do Irã, cujo governo mudou a política em relação ao Ocidente. Internamente, política e religião islâmica se fundiriam,

138 HISTÓRIA CONTEMPORÂNEA 2

obrigando a sociedade a viver conforme os preceitos do Corão e da lei islâmica interpretada pelas lideranças religiosas, o que na prática significava juntar religião e política, sob a tutela da primeira. Os conflitos com os Estados Unidos e com o Ocidente pioraram quando jovens estudantes a favor da Revolução invadiram a embaixada americana no país e fizeram vários reféns, mantendo-os cativos durante muito tempo, sob o pretexto de assim expressar repúdio ao apoio dos Estados Unidos ao governo deposto.

A Revolução Iraniana mudou completamente o jogo de forças no Oriente Médio e a relação dessa região com os países do Ocidente, não só do ponto de vista econômico. O Irã tornou-se potência regional, interferiu na política interna da Síria e do Líbano, financiando ações militares do Hamas contra Israel, além de ser acusado por apoiar ações terroristas em vários países do mundo. Se no quadro da Guerra Fria as principais forças políticas da região eram as monarquias tradicionais (como na Arábia Saudita) e o nacionalismo militar árabe (como no Egito, na Síria e no Iraque), a partir da Revolução Iraniana a religião muçulmana ganhou relevância como elemento central na política do mundo islâmico. Os líderes islâmicos, em suas diversas vertentes, catalisaram, ou tentaram catalisar, o ressentimento das populações mais pobres do Oriente Médio por terem ficado à margem do crescimento econômico contra inimigos externos reais ou imaginários.

Em 2010, muitos países do mundo árabe e muçulmano conheceram uma onda de protestos populares por democracia, criticando tanto a tradição autoritária, quanto o predomínio do conservadorismo religioso na vida política e social. Mas os resultados efetivos da Primavera Árabe não foram os esperados pelos movimentos democráticos, pois a desestabilização dos governos autoritários não deu lugar a regimes democráticos, mas a movimentos ligados ao fundamentalismo religioso (Estado Islâmico) ou ao recrudescimento das ditaduras militares (Egito) ou guerras civis (Líbia, Iêmen, Iraque).

A CRISE DO ESTADO DE BEM-ESTAR SOCIAL, A REVOLUÇÃO TECNOLÓGICA E O NEOLIBERALISMO

A economia mundial, sobretudo a europeia, na virada do século XX para o XXI, sofreu muito. Os produtos ficaram mais caros, a inflação aumentou e muitas empresas faliram. O desemprego voltou a assombrar a Europa, e, em menor medida, os Estados Unidos. As economias industriais centrais eram altamente dependentes do petróleo barato, e mesmo em países "em desenvolvimento" como o Brasil, o choque de preços do petróleo foi desastroso para as políticas econômicas dos governos. As outras matrizes energéticas, como o carvão, a energia nuclear ou a eletricidade, não eram suficientes para substituir o petróleo. E o aumento de preços desse insumo básico acabou repassado a outros produtos. Com a crise econômica, a arrecadação de impostos diminuiu e o custo dos benefícios sociais (seguro-desemprego, aposentadorias, serviços públicos gratuitos, auxílios-moradia) que era a base do chamado "Estado de Bem-Estar Social" aumentou, resultando em mais déficit público e inflação. Ficou difícil conciliar o antigo padrão de serviços e benefícios públicos aos trabalhadores com as taxas de lucro exigidas por empresários e capitalistas, sobretudo na Europa. As políticas de regulação dos direitos trabalhistas, que encareciam a mão de obra e os gastos estatais para oferecer serviços públicos gratuitos, começaram a ser fortemente criticadas por economistas e governos liberais, vistas como entraves aos investimentos privados, ao controle da inflação e ao crescimento econômico.

O sistema financeiro adotou novas regras, com novas políticas de juros e taxas de câmbio flutuante, e reforçou o papel dos bancos no sistema econômico mundial, dando nova força ao chamado "capitalismo financeiro". Assim, as especulações com câmbio, com ações de empresas negociadas nas bolsas de valores e com papéis diversos (títulos da dívida pública, hipotecas, seguros) criaram uma espécie de economia financeira paralela, independente da "economia real", baseada em produção e consumo de mercadorias e ofertas de serviços para as pessoas e os governos. Com isso, muitas vezes, um país com a economia estagnada e desemprego em massa podia ter bancos lucrativos, por conta dessa nova dinâmica econômica. O dinheiro emprestado, cada vez mais caro, prejudicou, sobretudo, os países mais pobres que viram sua dívida externa em dólar crescer de maneira descontrolada, por causa das políticas de juros dos Estados Unidos. Nos anos 1980, a chamada "crise da dívida" seria particularmente trágica para a América Latina e para a África.

Entre 1974 e 1982, uma grave crise econômica afetou todo o mundo capitalista. Ela foi consequência tanto da crise do petróleo quando do aumento no déficit público nos países desenvolvidos. Nesse ambiente, os adeptos do neoliberalismo (ou ultraliberalismo) passaram a acusar o Estado de bem-estar social de ser o responsável pela situação crítica e por inibir o crescimento econômico com seus "altos impostos" destinados a manter os benefícios aos trabalhadores mais pobres. Além disso, os neoliberais criticavam a interferência do Estado na economia e o "excesso de direitos

140 HISTÓRIA CONTEMPORÂNEA 2

trabalhistas" que, segundo eles, "inibiam a livre-iniciativa" e encareciam as atividades econômicas. Para eles, a única chance de a economia capitalista voltar a crescer era "desregulamentá-la", diminuindo os impostos, permitindo a livre circulação de bens, trabalhadores e capitais entre empresas e países, e cortando gastos públicos para controlar a inflação. A ideologia do "livre mercado", conduzido por agentes privados, passou a ser defendida como a solução para todos os males sociais e econômicos, contra as políticas regulatórias que tinham sido hegemônicas desde os anos 1930.

A crise econômica afetou não apenas os países ricos, mas também os do Terceiro Mundo, que importavam petróleo e dependiam de empréstimos internacionais em dólar para realizar investimentos em obras públicas e empresas.

Para superar a crise, economistas e administradores ligados ao sistema capitalista internacional, além de sugerir cortes nos gastos públicos, também propuseram a implantação de novos processos industriais, visando produzir mais, em menos tempo e utilizando menos mão de obra, que, por causa dos encargos trabalhistas e sociais, era considerada "muito cara". Para viabilizar essas mudanças, começou a ser desencadeada uma revolução tecnológica: surgiram novos ramos da indústria, de serviços e de consumo, ampliando o mercado e permitindo que a economia mundial se recuperasse a partir de meados dos anos 1980.

Capitaneada pela indústria eletrônica e pela computação, iniciava-se a Terceira Revolução Industrial que mudaria drasticamente não apenas a economia, mas também a vida cotidiana no final do século XX. O aprimoramento de tecnologias de informação, comunicação e mecanização do processo produtivo aprofundara-se, permitindo produzir mais em menos tempo e com menos trabalhadores, reduzindo o custo da mão de obra.

O salário dos trabalhadores era um dos principais componentes do custo final do produto nos países centrais do capitalismo, pois neles os sindicatos tinham grande poder de barganha com os patrões, obtendo salários relativamente altos e direitos sociais amplos. Assim, além de ampliar o uso da tecnologia de produção que dispensava o trabalho humano, os capitalistas passaram a exigir a "flexibilização nas relações trabalhistas", em outras palavras, o fim da estabilidade do empregado, garantida por lei, e a diminuição de direitos e de salários.

Nos anos 1980, o velho modelo gerencial das fábricas, baseado na divisão do trabalho e na linha de produção (chamado de "taylorismo"), dava lugar a novos tipos de organização de trabalho, como o "toyotismo".

DO "FIM DOS 30 GLORIOSOS" À TERCEIRA REVOLUÇÃO INDUSTRIAL *141*

Segundo esse modelo, originário da fábrica de automóveis Toyota (com sede no Japão), a produção fabril deveria orientar-se pelos princípios da flexibilização do ritmo na linha de produção (só se produzia o necessário, conforme a demanda), da integração das equipes de produção (em vez de uma rigorosa divisão do trabalho) e da robotização da produção (com máquinas assumindo tarefas de montagem de produtos na linha de produção, reduzindo os custos de mão de obra).

As tecnologias oriundas da informática e da telecomunicação permitiram o desenvolvimento de novos produtos e serviços, como o computador pessoal, o celular e novos tipos de eletrodomésticos. A indústria do entretenimento também foi amplamente beneficiada, com a produção de filmes de alta tecnologia, com efeitos especiais, o que aumentou o número de espectadores das salas de cinema na época, além de levar novos produtos audiovisuais para as casas das pessoas, como a televisão a cabo. Nos anos 1990, a disseminação dos serviços da rede mundial de computadores, a *internet*, acelerou esse processo de renovação do capitalismo, abrindo uma nova frente de consumo e agilizando a troca de dados, o que permitiu a rápida movimentação de capitais, bens e serviços em escala mundial.

A expressão política mais evidente do ultraliberalismo foram os governos de Ronald Reagan, nos Estados Unidos, e de Margaret Thatcher, na Inglaterra.

Em meados dos anos 1970, a principal potência do mundo capitalista parecia sem rumo, na ressaca de conflitos e dissensos internos dos anos 1960, exemplificados pelos movimentos contra a Guerra do Vietná e pelos Direitos Civis, além do "escândalo de Watergate" (1972), que abalou a tradicional confiança dos estadunidenses na presidência da República, a instituição mais tradicional de seu sistema político. O presidente Richard Nixon, do Partido Republicano, que se apresentava como moralizador e defensor dos "valores americanos", foi considerado culpado por uma espionagem feita na sede do Partido Democrata, cujo objetivo era chantagear politicamente seus candidatos. Prestes a ser cassado pelo Congresso, Nixon renunciou, em 1974, deixando os Estados Unidos sem uma liderança política representativa.

O novo presidente eleito, Jimmy Carter, do Partido Democrata, procurou modificar tanto a política interna quanto a externa do país, alterando a imagem de "potência imperialista agressiva" dos EUA e a de "culto ao mercado, indiferente às questões sociais" do sistema. Assim, Carter tentou retomar uma política social no plano interno e defender a causa dos Direitos Humanos no plano internacional. Entretanto, não foi bem-sucedido.

142 HISTÓRIA CONTEMPORÂNEA 2

A crise da invasão da embaixada estadunidense em Teerã, depois da Revolução Islâmica de 1979, abalou o orgulho patriótico norte-americano, já em baixa por conta da derrota na Guerra do Vietnã. Estava aberto então o caminho para o crescimento do conservadorismo no país. No novo modo de pensar que ganhava corações e mentes, a "América deveria reconquistar a hegemonia mundial", mas, para isso, deveria reencontrar seus valores morais tradicionais, centrados na família, no patriotismo e na religião cristã. Setores conservadores e religiosos, ligados ao "fundamentalismo cristão", sentiram-se fortalecidos para criticar mudanças comportamentais advindas dos anos 1960, da contracultura, do movimento feminista e do movimento gay.

Nesse contexto, Ronald Reagan, ex-ator de Hollywood e político de direita, foi eleito presidente prometendo reafirmar a hegemonia estadunidense no mundo e conter "a crise moral interna". No plano econômico, Reagan inspirou-se na doutrina econômica neoliberal, que advogava que o Estado deveria cortar gastos sociais (previdência, seguro-desemprego, saúde pública e educação) e diminuir os impostos, estimulando dessa forma a iniciativa privada. O governo Reagan também incentivou a indústria bélica e uma nova corrida armamentista, que consumiu bilhões de dólares. Dessa vez, a União Soviética não conseguiu competir com os Estados Unidos.

Na Inglaterra governada por Margaret Thatcher, primeira-ministra conservadora eleita pela primeira vez em 1979, as políticas sociais do Estado de bem-estar e o poder dos sindicatos operários começaram a perder espaço. Tais políticas eram, no pensamento econômico dos novos líderes políticos, consideradas historicamente esgotadas, responsáveis pela crise financeira e pela inflação que afetava a economia inglesa desde meados dos anos 1970. No longo prazo, o resultado dessas políticas neoliberais foram a queda da renda dos setores assalariados e o encarecimento de serviços básicos, em parte compensados pelo crescimento econômico e pela oferta de emprego em novos setores da economia, principalmente ligada aos setores de informática, comunicações e financeiro.

A CRISE DA UNIÃO SOVIÉTICA E O FIM DO BLOCO SOCIALISTA

O mundo socialista soviético não passou ao largo da crise dos anos 1970, embora seus componentes políticos e econômicos fossem de outra natureza. A Guerra Fria praticamente acabou na década seguinte, não tanto

DO "FIM DOS 30 GLORIOSOS" À TERCEIRA REVOLUÇÃO INDUSTRIAL 143

porque o bloco ocidental liderado pelos Estados Unidos tenha vencido, mas, principalmente, porque o bloco socialista liderado pela União Soviética perdeu. Ou seja, em razão de sua crise interna não conseguiu acompanhar os desafios da corrida armamentista nem a modernização tecnológica dos processos produtivos, peças centrais no xadrez geopolítico da época.

Sob o governo de Leonid Brejnev (1964-1982), os problemas econômicos da União Soviética aprofundaram-se. Além disso, a falta de participação efetiva da sociedade nas decisões políticas, o controle autoritário de uma burocracia partidária sobre a sociedade e a inexistência de direitos civis (liberdade de expressão, de movimento e de organização) levaram os cidadãos comuns a uma apatia generalizada. Os gastos com a indústria bélica drenavam boa parte dos recursos, o que prejudicava a produção de bens de consumo. Assim, ampliou-se a defasagem comparativa existente entre a indústria voltada para o bem-estar da população dos países do bloco socialista e os do bloco capitalista, que viviam um grande avanço tecnológico. Na URSS, o rígido controle dos preços e da distribuição dos produtos pelo Estado acabava estimulando o surgimento de mercados clandestinos, nos quais os cidadãos tinham que pagar mais pelas mercadorias que não encontravam nas lojas. As metas de produção agrícola e industrial estabelecidas pelo governo raramente eram atingidas, mas os administradores, por medo de perderem seus postos ou de sofrerem punições mais graves, falsificavam os relatórios oficiais para a burocracia partidária.

As chamadas "democracias populares" do Leste Europeu, por sua vez, sentiam o peso do controle soviético sobre suas políticas internas desde o final da Segunda Guerra. A Doutrina Brejnev acentuou esse controle. Segundo ela, a soberania dos Estados era limitada pela segurança do conjunto do sistema socialista internacional. Em outras palavras, as tropas do Pacto de Varsóvia podiam intervir em qualquer país do bloco socialista da Europa Oriental, se as tensões políticas e sociais internas de tal país pudessem causar uma ruptura com a União Soviética. Foi o que aconteceu na Tchecoslováquia, em 1968, quando a política de reformas democratizantes, conduzida pelo próprio Partido Comunista tchecoslovaco, foi vista como pró-ocidental e, portanto, uma ameaça à unidade do campo liderado pela União Soviética. Na Polônia, manifestações operárias dirigidas pelo sindicato Solidariedade, em 1980, levaram o país a uma grande crise política, na qual se escancarou a distância entre a burocracia partidária que mandava no país e o conjunto da sociedade. Em 1981, um golpe militar implantou na Polônia uma ditadura pró-soviética que sufocou qualquer oposição aos ditames da URSS. Diante de todas essas amarras e pressões, o fosso entre as lideranças políticas e a sociedade como um todo se ampliou ainda mais no Leste Europeu.

A morte de Leonid Brejnev, em 1982, expôs a dificuldade de renovação no Partido Comunista da União Soviética. As crises sucessórias paralisavam decisões políticas importantes. Entre 1982 e 1985, dois dirigentes com mais de 70 anos se sucederam, morrendo no cargo.

Em 1985, Mikhail Gorbatchev ascendeu ao principal posto político do sistema soviético ao tornar-se secretário-geral do PCUS. Gorbatchev era considerado jovem (tinha 54 anos) e suas ideias eram distintas das de seus antecessores, pois representavam um grupo mais sensível à necessidade de democratizar a União Soviética, sem necessariamente abrir mão do modelo socialista, reformando suas bases políticas e econômicas. Esse grupo que assumiu o poder percebeu que a indústria na União Soviética estava defasada e necessitava de grandes investimentos para se modernizar. Os gastos estatais com armamentos haviam criado um déficit orçamentário gigantesco. Além disso, o Exército Vermelho estava envolvido em uma custosa guerra no Afeganistão, onde o governo local pró-soviético enfrentava uma guerrilha de inspiração religiosa (islâmica) financiada, em grande parte, pelos Estados Unidos. Fazia parte dessa guerrilha um jovem saudita chamado Osama bin Laden, que mais tarde se tornaria inimigo mortal dos estadunidenses.

Em 1986, Gorbatchev anunciou a implementação de duas reformas combinadas: a Perestroika (Reestruturação) e a Glasnost (Transparência). A primeira visava reorganizar o sistema produtivo, mudando sua forma de gerenciamento e flexibilizando o controle estatal. O objetivo era inibir o mercado clandestino, aumentar a produção e estimular as empresas e os administradores com promessas de maiores ganhos privados. A Glasnost pretendia aumentar as liberdades civis, abrandando a censura à imprensa, estimulando o surgimento de vozes críticas e a participação dos cidadãos comuns na política.

Contudo, embora a vida antes da Perestroika fosse difícil para os soviéticos, o rígido controle do Estado sobre a economia ao menos garantia a subsistência da população. Assim que ele diminuiu, novas regras, baseadas no mercado, foram adotadas e o cotidiano dos cidadãos de um momento para o outro ficou complicado, pois houve aumento de preços e carência de produtos básicos. Nem todos conseguiram se adaptar ao novo sistema. Levaria um tempo até que o capitalismo conseguisse ser incorporado pela

DO "FIM DOS 30 GLORIOSOS" À TERCEIRA REVOLUÇÃO INDUSTRIAL **145**

sociedade e pela economia russas, com base na economia de mercado e na propriedade privada. Já o abrandamento da repressão e do controle político abriu espaço para protestos e greves contra o governo.

Dentro do próprio Partido Comunista, havia os que faziam parte da chamada "linha dura" e temiam ver seu poder diminuir com as reformas de Gorbatchev. Estes esperavam que os distúrbios sociais aumentassem para que tivessem uma justificativa para intervir violentamente e fazer a União Soviética voltar à "velha ordem".

No final dos anos 1980, as tensões entre os governos comunistas do Leste Europeu e a União Soviética se agravaram. Gorbatchev sabia que não teria mais condições políticas e militares de se impor, e passou a tolerar as dissidências e abrir espaço para que cada país buscasse um caminho próprio de reformas políticas. O resultado foi que, entre 1988 e 1990, as "democracias populares" do Leste Europeu, aliadas à União Soviética, se desfizeram, passando por reformas radicais que acabaram com a hegemonia política dos partidos comunistas e com o controle estatal da economia. Nesses países, instauraram-se o pluralismo partidário e a economia de mercado, como defendia o modelo liberal. O caso mais representativo foi o fim da República Democrática Alemã. Em 1989, uma ampla mobilização popular pôs abaixo o muro de Berlim, e a Reunificação alemã, sob o regime liberal e capitalista, foi festejada por uma multidão que incluía pessoas dos dois lados que a fronteira havia separado. A "Queda do Muro" tornou-se a expressão corrente para simbolizar o fim do projeto socialista soviético, nascido em 1917 com a Revolução Russa. Para muitos, ela representou ainda a crise da crença no comunismo como alternativa viável ao capitalismo e à democracia liberal.

Em agosto de 1991, a fração antirreformista e conservadora do PCUS tentou dar um golpe de Estado, com apoio de militares, e voltar à velha ordem política e econômica. Para impedir o golpe, boa parte da população saiu às ruas em Moscou e em outras grandes cidades russas. Diante dessas manifestações, os golpistas recuaram, mas a liderança de Gorbatchev já estava definitivamente comprometida. Em dezembro, ele foi afastado do poder e a União Soviética acabou extinta, pois, com a crise política, várias nacionalidades que a formavam – era um imenso país que ia muito além da Rússia original – exigiram autonomia ou independência total. No lugar da ex-União Soviética foi criada a Comunidade dos Estados Independentes (CEI), uma tentativa de Estado federal, que, no entanto, duraria apenas até 1993, com cada

146 HISTÓRIA CONTEMPORÂNEA 2

país querendo seguir seu próprio rumo. Boris Yeltsin, ex-quadro do Partido Comunista que se converteu ao liberalismo, foi eleito presidente da Rússia, o país mais importante da CEI, em junho de 1991.

A crise econômica, a luta por autonomia das nacionalidades e a crise política interna na principal república da União Soviética, a Rússia, explicam, portanto, a derrocada do comunismo no Leste Europeu. Em todos esses países, o sistema de partido único foi extinto e a economia de mercado rapidamente passou a vigorar, com seus prós e contras (como o desemprego e a inflação). Uma anedota popular que passou a circular na Rússia pós-soviética sintetizava brilhantemente essas novas contradições: "Tudo o que os nossos dirigentes comunistas falavam do socialismo era mentira. Mas tudo o que eles falavam do capitalismo era verdade".

A EUROPA UNIFICADA

O aumento de preço do petróleo nos anos 1970 havia abalado fortemente a Europa, causando uma profunda crise de energia no continente. Após 1975, o desemprego crescera e a produção industrial caíra, sobretudo na França e na Inglaterra. Para enfrentar essa crise, os europeus intensificaram seu processo de integração política e econômica, iniciado com a criação do Mercado Comum em 1957.

Entre 1973 e 1986, o Mercado Comum Europeu, formado inicialmente por seis países (França, Alemanha, Itália, Bélgica, Holanda e Luxemburgo), passou a ser integrado também por Inglaterra, Irlanda, Dinamarca, Grécia, Portugal e Espanha. Estes três últimos países haviam sido governados por ditaduras de direita, mas foram democratizados entre 1974 e 1976, quando puderam ser integrados, pois, para um país ser aceito como membro do Mercado Comum Europeu, era preciso que tivesse governo eleito livremente. A ditadura salazarista em Portugal foi derrubada pela esquerda, com grande apoio popular, em 1974. A morte do ditador Francisco Franco, em 1975, abriu caminho para a democratização da Espanha. O governo militar da Grécia cedeu o poder aos civis, em 1974, depois de governar o país por sete anos.

Pelo Tratado de Maastricht, em 1992, a integração econômica somou-se à integração política, nascendo então a chamada União Europeia (UE). A integração econômica foi consolidada com a criação da moeda única europeia, o euro, em 1999. A ideia era ter uma moeda tão forte quanto o dólar.

DO "FIM DOS 30 GLORIOSOS" À TERCEIRA REVOLUÇÃO INDUSTRIAL *147*

Para que a União Europeia se tornasse uma realidade, foi preciso que rivalidades históricas, como a da França com a Alemanha, ou a da Inglaterra com a França, fossem superadas, encerrando um ciclo secular de competição e guerras. Os principais países europeus perceberam que, desunidos, não poderiam manter, na chamada "nova ordem mundial", a posição econômica de destaque que haviam tido tempos atrás. A tendência mundial agora era formar grandes mercados unificados no formato de "blocos econômicos", regidos por regras fiscais únicas e liberdade de comércio, trânsito e moeda entre os países-membros.

Contudo, o projeto de uma Europa pacífica e unificada se viu fortemente abalado por uma guerra civil que eclodiu na Iugoslávia. Para esse país, o fim do regime comunista, que o governava desde 1945 e mantinha uma unidade nacional um tanto postiça, mas firme, foi particularmente trágico. Até então, a Iugoslávia era composta de várias repúblicas, nacionalidades e minorias que conviviam relativamente bem, apesar da hegemonia política dos sérvios, uma das etnias mais importantes do país. Depois da morte em 1980 de Josip Tito, líder do país desde a Segunda Guerra Mundial, tensões étnicas e regionais aumentaram, explodindo em 1991. Nesse ano, a tentativa de reformar o regime, estabelecendo um sistema multipartidário e mais próximo de um federalismo, foi recusada pela Sérvia, causando a mais sangrenta guerra civil europeia desde a década de 1940. O conflito mais brutal deu-se na região da Bósnia-Herzegovina, que se declarou independente em 1992. A população dessa região era formada por bósnios muçulmanos (44%), bósnios-sérvios (31%) e croatas (17%). Os bósnios-sérvios não aceitaram a independência e, com o apoio do Exército sérvio, passaram a combater os separatistas muçulmanos e croatas. Já durante a guerra, as milícias sérvias praticaram genocídio e instalaram campos de concentração, fazendo a Europa reviver velhos pesadelos. Isso justificou a intervenção armada da Otan em defesa dos separatistas. O Kosovo, outra região da ex-Iugoslávia, com forte presença de albaneses, também não aceitava o domínio sérvio e acusava a Sérvia de fazer "limpeza étnica" contra os albaneses kosovares. Novamente, a Otan interferiu, bombardeando a Sérvia, que era vista como antiocidental e ligada aos interesses geopolíticos da Rússia. A sequência de conflitos terminou em 2001, com a criação de novos Estados nacionais que acomodaram as reivindicações das minorias religiosas e nacionais.

148 HISTÓRIA CONTEMPORÂNEA 2

Assim, em plena "era da globalização", as guerras da ex-Iugoslávia mostraram ao mundo a força dos localismos e dos nacionalismos sectários.

* * *

Desde 1999, a Rússia passou a ser governada por Vladimir Putin, que adotou um sistema político que combinava alguns elementos formais da democracia liberal com práticas autoritárias e autocráticas. Putin reavivou o nacionalismo russo e a política externa de intervenção em países da Europa Oriental e nos Balcãs, ao lado de grupos locais pró-Moscou. Mesmo sem força para se contrapor à influência global estadunidense, a estratégia de Putin era utilizar a grande força bélica do país, o poderio nuclear e as imensas reservas de petróleo e gás para se afirmar diante de um Ocidente que permanecia hostil aos interesses russos, como se a Guerra Fria não tivesse acabado. Na política interna, apesar das críticas ao seu estilo autoritário e personalista, que não deixa espaço para adversários políticos e reprime manifestações populares com violência, Putin foi identificado pela maioria da população como o responsável pelo crescimento econômico e pela nova respeitabilidade da Rússia pós-soviética no cenário internacional do século XXI.

A partir de 2004, a União Europeia passou a englobar os antigos países do bloco socialista do Leste Europeu, chegando a 25 membros, sem conseguir, contudo, dirimir as graves desigualdades sociais e econômicas internas, além de enfrentar de tempos em tempos tensões com as políticas externas da Rússia comandada por Putin. Ainda hoje, alguns de seus membros continuam muito atrasados economicamente, permanecem exportando mão de obra, e sem indústria e agricultura internacionalmente competitivas. Tais países seguem necessitando de subsídios para manter o nível de vida da população em padrões razoáveis, mas representam um considerável mercado interno para as principais potências financeiras e industriais da UE, como a Alemanha e a França.

A HEGEMONIA DO NEOLIBERALISMO E O CONSENSO DE WASHINGTON

Nos anos 1990, o capitalismo, como sistema econômico, parecia triunfante. Sua maior expressão ideológica era o neoliberalismo, que advogava uma relação direta entre liberdade política e liberdade de mercado. Os

DO "FIM DOS 30 GLORIOSOS" À TERCEIRA REVOLUÇÃO INDUSTRIAL *149*

neoliberais também afirmavam que a "morte do Estado", simbolizada pela desagregação do modelo soviético e pela crise do Estado social-democrata europeu (que promovia a política do "bem-estar social"), melhoraria a vida das pessoas, pois estimularia a produção e o empreendedorismo individual. A ampliação da liberdade de produzir, de consumir e de viver, sem a intervenção do Estado, redundaria em aumento da riqueza geral. O crescimento econômico dos indivíduos faria com que toda a sociedade, de alguma forma, prosperasse. Assim, no final do século XX, as palavras de ordem dos novos gestores da economia mundial (políticos, banqueiros, executivos de grandes corporações) eram: desregulamentar a economia, livrando-a do controle estatal, das leis sociais e dos impostos, e permitir a livre circulação de bens, capitais e pessoas. Por outro lado, para integrar mercados e enfrentar concorrências, dada a impossibilidade política de uma abertura mundial completa, muitos países passaram a formar blocos econômicos sem barreiras internas, quase sempre dominados pelas economias mais fortes.

Os países capitalistas centrais passaram a defender a internacionalização da produção industrial e o comércio sem barreiras. Mas, na realidade, ainda priorizavam seus próprios interesses. As multinacionais instalaram fábricas em países pobres, aproveitando-se da mão de obra barata, mas as empresas de alta tecnologia, os direitos autorais, as patentes e as corporações financeiras (bancos, seguradoras, corporações de investimento) continuaram sob o controle dos países capitalistas centrais. Nesses países mais desenvolvidos, a principal forma de acumulação capitalista passou a ser não mais a fabricação de bens de consumo, mas o domínio da alta tecnologia, das finanças e das patentes dos novos produtos. A concentração de operários em fábricas diminuiu muito, com a crescente automatização do trabalho.

Com o fim da Guerra Fria, as lideranças ocidentais celebraram o advento de uma nova era, de uma "nova ordem mundial", sem conflitos internacionais, regrada pelo "livre mercado" do capitalismo globalizado e pela democracia liberal. Os líderes e os ideólogos do bloco ocidental prometiam um mundo mais rico, mais justo e mais feliz. Alguns falaram até em "fim da História", pois o mundo supostamente entraria em uma paz perpétua e uma geopolítica rotineira e sem conflitos, evitando rupturas históricas bruscas, como no passado. Nos anos 1990, a impressão geral era de que o mundo passava por um novo processo de "globalização", que, além do aspecto econômico, implicaria a imposição de um modelo políti-

150   HISTÓRIA CONTEMPORÂNEA 2

co e econômico cooperativo e de um mundo multipolar em substituição à bipolaridade dos tempos da Guerra Fria.

O que ocorreu na realidade? Por um lado, o novo modelo econômico permitiu que o capitalismo se globalizasse e superasse a crise iniciada nos anos 1970. Mas, por outro, contrariamente ao que prometera, aumentou a concentração de riqueza no mundo: tanto em nível internacional, concentrada nos países mais ricos, quanto a riqueza interna de cada país, concentrada nos setores ligados ao capitalismo financeiro e à indústria de tecnologia, em detrimento dos assalariados ou dos pequenos camponeses. Enfim, o mundo estava, de fato, mais rico, mas a riqueza estava principalmente nas mãos de poucos países e das classes sociais mais abastadas.

Por essa época, aumentaram os fluxos migratórios de massas empobrecidas da Ásia, da África, da América Latina e do Leste Europeu na direção dos Estados Unidos e dos países da Europa Ocidental, onde servem como mão de obra barata para o setor de serviços, em atividades como limpeza, conservação, transporte, segurança privada, serviços domésticos e atendimento ao público. Esse aumento da migração para os países ricos fez com que o princípio da "livre circulação de pessoas", que havia sido uma das bandeiras da globalização neoliberal, fosse revisto pelas lideranças mundiais. Os governos desses países, pressionados por seus cidadãos com novos medos e velhos preconceitos contra os imigrantes, muitos deles efetivamente marginalizados pela sociedade local, passaram então a impor políticas restritivas à imigração.

* * *

Com o fim da União Soviética e a globalização capitalista sob a égide do neoliberalismo, os Estados Unidos passaram a ser a única *superpotência* global. Durante os anos 1990, a economia estadunidense havia crescido ainda mais, permitindo que a geopolítica mundial passasse a ser determinada a partir do chamado Consenso de Washington. Esse era o termo originalmente aplicado para explicar a nova ordem na economia, que definia o conjunto de regras básicas para um país receber ajuda das instituições financeiras baseadas em Washington, como o Banco Mundial e o Tesouro dos Estados Unidos. Entre essas regras, constavam a desregulamentação da economia, a privatização das estatais, o controle de gastos públicos e a abertura de mercados. Com o tempo, o conceito ampliou-se significando que o modelo capitalista neoliberal era a única possibilidade de organização política e econômica – ideia consensual entre as elites de vários países.

DO "FIM DOS 30 GLORIOSOS" À TERCEIRA REVOLUÇÃO INDUSTRIAL **151**

Contudo, antes mesmo da chegada do século XXI, a "nova ordem" revelou sua outra face. Com a "desregulamentação" dos direitos sociais, ocorreram a precarização do trabalho e o subemprego crônico.

Em termos internacionais, os Estados Unidos passaram a ser uma espécie de "polícia do mundo", mobilizando suas tropas e armas sofisticadas para redesenhar o mundo pós-Guerra Fria. Conforme a diplomacia de Washington, era preciso combater, política e economicamente, regimes fechados ou potências militares regionais que ameaçavam a estabilidade econômica e política de uma dada região do planeta.

O primeiro grande enfrentamento militar após a Guerra Fria foi a Guerra do Golfo, em janeiro de 1991. O ditador Saddam Hussein, que governava o Iraque desde 1979, ordenou que suas tropas invadissem o vizinho Kuwait, pequeno país com uma imensa reserva de petróleo. Os preços do petróleo estavam em queda, e a incorporação das reservas do Kuwait ao Iraque poderia dar poder de barganha aos países produtores nos mercados mundiais. Saddam Hussein, ex-aliado dos Estados Unidos e da Inglaterra, fora apoiado por esses dois países durante anos, especialmente quando travou uma guerra contra o Irã após a Revolução Islâmica de 1979. Essa guerra durou de 1980 a 1988. Após seu fim, o regime de Saddam passou a ser um problema para a política ocidental na região, pois deu uma guinada em sua política e reavivou o nacionalismo árabe, tentando retomar o controle da produção e da distribuição de petróleo pelo Ocidente. Com mandato da ONU, uma coalizão militar liderada pelos Estados Unidos declarou guerra ao Iraque e, em dois meses, destruiu as forças armadas iraquianas. Entretanto, isso não significou o fim do governo de Saddam Hussein, que foi conservado no cargo, mas sem poderio militar e com jurisdição militar reduzida em seu próprio território. Além disso, a ONU decretou um embargo comercial ao país, dificultando a vida da população civil.

Embora vitoriosa, a ação liderada pelos Estados Unidos aumentou as críticas à ação das potências ocidentais (e da própria ONU) no mundo árabe. Crescia o sentimento antiamericano na região.

Em 11 de setembro de 2001, todas as televisões do planeta repetiam uma incrível cena. Dois aviões comerciais de carreira, em um intervalo de menos de 20 minutos, atingiam em cheio as torres gêmeas do World Trade Center em Nova York. Cerca de duas horas depois do impacto, as torres desabaram, em uma imagem cheia de significados simbólicos, sem falar na

152 HISTÓRIA CONTEMPORÂNEA 2

grande perda de vidas, com mais de 3 mil vítimas. O coração financeiro dos Estados Unidos tinha sido atacado. Além disso, outro avião foi jogado contra o Pentágono, a sede do Departamento de Defesa norte-americano. Já nos primeiros minutos, apesar do desencontro de informações, não restava dúvida: era um atentado terrorista planejado e coordenado, que envolveu o sequestro de quatro aviões simultaneamente para utilizá-los como bombas voadoras contra alvos predeterminados.

Nos primeiros dias depois do ataque, dois nomes começaram a se tornar frequentes na mídia mundial: Osama bin Laden e a Al-Qaeda ("A Base", em árabe).

RELIGIÃO E POLÍTICA NO ISLÁ

O mundo islâmico, surgido ainda no século VII d.C., viu a religião se tornar um dos elementos centrais da vida política em diversos países. No final do século XX, os partidos religiosos, mais radicais ou moderados, em vários locais ocuparam o lugar do nacionalismo árabe laico e modernizante como principal força de afirmação nacional e cultural contra a influência ocidental. Os efeitos do fundamentalismo religioso islâmico, inclusive, foram muito além do Oriente Médio, com o surgimento de movimentos religiosos em países como Filipinas, Nigéria ou Indonésia, muitas vezes de caráter armado e professando a *jihad* (guerra santa) contra os "infiéis", levada ao extremos por alguns grupos armados, contra quem não professasse a fé islâmica e não seguisse os seus rígidos padrões morais, principalmente as mulheres, às quais em muitas regiões era vedado o acesso à educação e ao mundo do trabalho.

Nas complexas formações sociais e geopolíticas do mundo árabe e muçulmano destacam-se dois grandes ramos: o sunita e o xiita. As suas origens remetem aos primeiros tempos do Islá, logo após a morte do profeta Maomé. Os xiitas rejeitaram a autoridade dos califas que os sucederam, acreditando que o legítimo herdeiro do profeta era Ali, seu primo e genro. Os xiitas constituem a minoria em muitos países, à exceção do Irã, país que tem experimentado sérios conflitos com os Estados Unidos desde a Revolução Islâmica de 1979. O Iraque também tem maioria xiita, mas os xiitas nunca tiveram influência no governo de Saddam Hussein. O jihadismo mais agressivo, entretanto, se alimenta de um ramo específico sunita, o wahhabismo, movimento ultraconservador criado no século XVIII que defende uma aplicação rigorosa das leis islâmicas e prega a intolerância a outros ramos dessa fé ou a desvios de comportamento.

DO "FIM DOS 30 GLORIOSOS" À TERCEIRA REVOLUÇÃO INDUSTRIAL *153*

Bin Laden era um milionário saudita, que aderira ao jihadismo e empenhara sua fortuna e sua vida no combate aos Estados Unidos, país considerado por esse grupo o grande inimigo do Islã. Ele foi o principal articulador do ataque às Torres Gêmeas de Nova York em 2001. Por ironia do destino, Bin Laden havia sido treinado pela CIA para combater os soviéticos que invadiram o Afeganistão em 1980, para defender o governo socialista local contra os opositores muçulmanos e, naquele momento, foi ajudado pelos americanos. Mas, a partir de 1996, o inimigo principal da Al-Qaeda já eram os Estados Unidos e, em 1998, a organização atacou estabelecimentos diplomáticos e instalações militares do país. As críticas aos Estados Unidos se concentravam em três pontos principais: a presença de tropas norte-americanas na Arábia Saudita, berço sagrado da religião muçulmana; o bloqueio econômico ao Iraque depois da Guerra do Golfo; o apoio a Israel nos conflitos com os palestinos, povo majoritariamente muçulmano. Na "Carta à América", de 2002, a Al-Qaeda ampliou as críticas não apenas às ações imperiais do governo dos Estados Unidos, mas também ao modo de vida ocidental do qual o país era modelo, considerando não só o governo como inimigo, mas igualmente a sociedade que não aderia ao Islã e a seus princípios. Nesse documento, a Al-Qaeda assumia sua solidariedade às *jihads* nas Filipinas, na Chechênia (região da Federação da Rússia) e no Kashmir (Índia) contra os governos locais.

A reação do governo norte-americano se deu em duas direções. De um lado, para evitar sofrer novos ataques, reforçou o controle sobre os seus cidadãos e sobre os cidadãos de outros países do mundo, sobretudo do mundo árabe e muçulmano, através de um gigantesco esquema de espionagem e vigilância eletrônica que incluía violação de privacidade e cooperação com outros governos. De outra parte, os americanos lançaram uma "guerra global contra o terror", com ações militares seletivas e um tanto questionáveis. Dois países foram escolhidos para sofrerem as primeiras retaliações: o Afeganistão, onde estaria escondido Osama bin Laden, e o Iraque, ainda governado pelo ditador Saddam Hussein, enfraquecido desde sua derrota na Guerra do Golfo.

No caso do Iraque, a invasão nada tinha a ver com a luta contra o terrorismo. Para justificá-la, contudo, os Estados Unidos acusaram Saddam Hussein de estocar armas de destruição em massa, que nunca foram encontradas, diga-se, e apoiar células da Al-Qaeda. Na verdade, a invasão do Iraque, que envolveu vários outros países em apoio aos EUA, foi apenas uma "janela de oportunidades" para que companhias americanas e seus sócios, que vinham na esteira dos exércitos, controlassem o petróleo e o gás natural iraquiano. Saddam Hussein foi capturado no final de 2003 e executado pelo novo governo iraquiano, aliado dos EUA, em 2006. Mas o país não conheceu a paz, e o frágil equilíbrio entre sunitas e xiitas (maioria no Iraque), bem como a luta separatista do povo curdo, colocou em xeque o novo governo.

A mistura de intervenções militares, que vitimavam sobretudo a população civil, de imposição de governos fracos espelhados artificialmente no modelo liberal ocidental e da exploração econômica das potências fez surgir uma ameaça ainda maior do que a Al-Qaeda, enfraquecida desde a morte de Bin Laden em uma operação militar norte-americana, em 2011: o Estado Islâmico (EI).

O Estado Islâmico nasceu no seio da resistência iraquiana à ocupação estrangeira, e logo se transformou no principal grupo jihadista do mundo ou, na verdade, em uma coligação de grupos e núcleos autônomos. Sua proposta era formar um grande *califado*, e suas ações se estenderam para o Oriente Médio e o norte da África, governando as populações conforme uma leitura conservadora da tradição islâmica, sem liberdades civis ou igualdade de gênero que caracterizam os valores democráticos, por exemplo. A eclosão da Guerra Civil da Síria em 2011, que opôs o governo de Bashar al-Assad, um dos remanescentes do nacionalismo árabe laico (apoiado no ramo xiita), a grupos sunitas e minorias étnicas (curdos), deu oportunidade ao Estado Islâmico de crescer.

Os atentados na Europa, realizados por militantes suicidas solitários ou grupos franqueados pela organização, demonstraram a força do EI. O Estado Islâmico soube se utilizar das redes sociais, transmitindo ao vivo para todo mundo macabras execuções de prisioneiros ocidentais e adversários, entre eles cidadãos muçulmanos que não concordavam com suas ações violentas.

Mesmo enfraquecido após ataques coligados de vários países (Estados Unidos, Rússia, Turquia), o Estado Islâmico demonstrou o poder de atração do jihadismo fundamentalista entre os jovens europeus muçulmanos e as populações miseráveis do Oriente Médio, submetidas a ataques militares estrangeiros e a governos autoritários. Muitas cidades europeias, principalmente Paris, foram alvo de atentados e ataques pontuais de indivíduos que reivindicaram filiação ao EI.

Neste confuso início de século XXI, o fundamentalismo religioso e o sectarismo étnico, entretanto, não são exclusividade das sociedades muçulmanas, ao contrário do que boa parte da opinião pública ocidental pode pensar. Mas não se pode esquecer que fanatismo político, unido ao fanatismo religioso, tem produzido invariavelmente violência e autoritarismo através da História.

LEITURAS COMPLEMENTARES

BARBOSA, Alexandre de Freitas. *O mundo globalizado*: política, sociedade e economia. São Paulo: Contexto, 2001.
CASTELLS, Manuel. *A crise da democracia liberal*. Rio de Janeiro: Zahar, 2018.
COCKBURN, Patrick. *A origem do Estado Islâmico*: o fracasso da 'Guerra ao Terror' e a ascensão jihadista. São Paulo: Autonomia Literária, 2018
COGGIOLA, Osvaldo. *A Revolução Iraniana*. São Paulo: Ed. Unesp, 2008.
ECO, Umberto. *O fascismo eterno*. Rio de Janeiro: Record, 2018.
LEVITSKY, Steven; ZIBLATT, Daniel. *Como as democracias morrem*. Rio de Janeiro: Zahar, 2018.
MIRANDA, Mônica; FARIA, Ricardo. *Da Guerra Fria à nova ordem mundial*. São Paulo: Contexto, 2003.
PINSKY, Jaime; PINSKY, Carla. *Faces do fanatismo*. São Paulo: Contexto, 2004.
SANTOS, Milton. *Por uma outra globalização*. Rio de Janeiro: Record, 2000.
SEGRILLO, Ângelo. *De Gorbatchev a Putin*: a saga da Rússia do socialismo ao capitalismo. São Paulo: Prismas, 2015.
SINGER, Paul. *Globalização e desemprego*: diagnóstico e alternativas. São Paulo: Contexto, 1998.
VIZENTINI, Paulo. *A nova ordem global*. Porto Alegre: Editora UFRGS, 1996.
_____. *O caótico século XXI*. Rio de Janeiro: Alta Books, 2015.

SUGESTÕES DE FILMES DE FICÇÃO E DOCUMENTÁRIOS

Taxi Driver, Martin Scorsese, EUA, 1976.
Painel da crise norte-americana pós-Vietnã, e seus efeitos psicológicos, sociais e econômicos sobre um indivíduo solitário e antissocial.

Bem-vindo (*Welcome*), Philippe Lioret, França, 2009.
Um dos melhores filmes sobre a crise da imigração na Europa, a partir da história de um imigrante ilegal ajudado por um professor.

Adeus, Lenin! (*Good Bye, Lenin!*), Wolfgang Becker, Alemanha, 2003.
Comédia dramática sobre a queda do muro de Berlim e a crise do socialismo de modelo soviético.

Katyn, Andrzej Wajda, Polônia, 2007.
Recriação do massacre da elite intelectual e política da Polônia após a invasão das tropas soviéticas em 1939.

Vice (*Vice*), Adam McKay, EUA, 2018.
Filme que mostra a ascensão da nova direita nos Estados Unidos, a partir da carreira de Dick Cheney, vice-presidente do país durante o governo de George W. Bush, um dos arquitetos da Guerra ao Terror.

Ilha das Flores, Jorge Furtado, Brasil, 1989.
Pequena obra-prima sobre a crise ambiental e seus efeitos sociais sobre os mais pobres, a partir de uma narrativa ágil e bem-humorada.

Trabalho interno (*Inside Job*), Charles H. Ferguson, EUA, 2010.
Documentário que tenta entender como se produziu a grande crise financeira de 2008-2009, a partir da própria lógica especulativa do capitalismo financeiro estadunidense.

Considerações finais

Embora não tenhamos entrado em uma nova guerra mundial generalizada desde a segunda metade do século XX, não conseguimos evitar múltiplos conflitos localizados, vários deles com perdas de numerosas vidas humanas. E agora, o que vislumbramos? Há uma "nova ordem mundial"? Seria o socialismo uma coisa do passado? Como conviverão os blocos internacionais com Estados nacionais poderosos e atuantes? Por que a pobreza e a desigualdade ainda persistem na maior parte do mundo, apesar do crescimento das atividades comerciais e financeiras internacionais? Como resolver os crescentes impasses ambientais que ameaçam a vida no planeta em médio prazo? Qual o papel das novas potências, como a China, nesse novo contexto? Como enfrentar a volta dos "fantasmas do Ocidente", a xenofobia, o racismo, o fanatismo religioso e o nacionalismo extremado? Como superar a desigualdade de gênero? Como ocupar as pessoas e remunerar o trabalho delas permitindo-lhes uma vida digna em um mundo cada vez mais robotizado?

Os efeitos da "Guerra ao Terror" jihadista, da globalização liberal e da crise econômica de 2008 fizeram com que muitos eleitores dos Estados Unidos e da Europa se voltassem para opções de extrema-direita. A globalização liberal impôs uma nova lógica ao capitalismo, criticando os "gastos sociais", as políticas econômicas protecionistas e desenvolvimentistas, e ampliando o domínio do mercado por grandes corporações multinacionais na área de serviços e finanças. A crise econômica de 2008, causada, sobretudo, pela desregulamentação do mercado financeiro norte-americano, que estimulou operações especulativas e altamente arriscadas na bolsa de valores, atingiu a "economia real", produzindo falência, queda de renda e desemprego, especialmente nos países centrais do capitalismo, além da diminuição do comércio de produtos primários (*commodities*), fundamentais para a economia dos países pobres. Os fluxos migratórios destes para os países ricos, a maior crise humanitária do século XXI, são o trágico produto dessa nova conjuntura, agravada pelos conflitos étnicos e pelas guerras civis, na África e no Oriente Médio.

Os líderes da extrema direita foram os que mais se aproveitaram desse novo clima de insegurança nas sociedades ocidentais, prometendo proteger as economias nacionais contra o "globalismo", a sociedade contra os imigrantes pobres e "não brancos", os "valores familiares" contra a liberalização dos costumes.

A partir de todas essas crises e impasses, o século XXI parece demarcar um novo movimento da História Contemporânea. Os consensos construídos depois da Segunda Guerra Mundial, que resistiram até a pressões, polarizações ideológicas e crises da Guerra Fria, parecem estar sendo colocados em xeque. Direitos Humanos, democracia, justiça e bem-estar social, autodeterminação dos povos são valores cada vez mais atacados, sobretudo por grupos e correntes de opinião de extrema direita, que hoje (2020) ocupam o governo de muitos países importantes, como Estados Unidos, Brasil, Hungria, Índia.

A democracia também não é uma realidade em países importantes no cenário internacional. A China é uma ditadura partidária e a Rússia, uma autocracia nacionalista – em ambos os países, a liberdade de expressão continua fortemente cerceada.

Além disso, a humanidade se vê diante da possibilidade concreta da extinção como espécie em médio prazo. Os impasses ambientais, sobretudo o chamado "aquecimento global", têm se tornado parte da agenda diplomática, mas até agora não resultaram em uma política global satisfatória, apesar dos esforços da ONU que, desde os anos 1970, organizou conferências e produziu documentos importantes sobre o tema. Países como Estados Unidos e China, grandes potências globais, resistem a adotar uma política ambiental consistente e a defender um desenvolvimento sustentável, que concilie interesses econômicos e equilíbrio ecológico.

Aliás, esses dois países, potências nucleares, estão em franca rota de colisão que, até o momento, tem se limitado à "guerra comercial" pelo controle de mercados de bens de consumo e fluxos financeiros. Até onde esse conflito pode chegar é uma das questões centrais do século XXI. A ascensão da China, potência econômica global desde o início deste século, será assimilada pacificamente pelos Estados Unidos, em processo de decadência econômica, mas ainda líder geopolítico do mundo globalizado?

A grave crise mundial provocada pela pandemia do novo coronavírus (Covid-19) em 2020, que se espalha com grande velocidade, atacando o sistema respiratório das pessoas e colapsando os sistemas de saúde, colocou novos e inéditos desafios à governança global e nacional. Seus desdobramentos imediatos e futuros ainda são insondáveis, na política, nas relações humanas, na economia. O século XXI, já carregado de incertezas, passa por uma experiência só comparável a guerras mundiais e a pandemias que há muito tempo não se via, desde a gripe espanhola de 1918-19.

O mundo que parecia tão certo dos seus valores democráticos e humanistas adentra no novo século como uma embarcação à deriva, ao sabor do vento, aliás, cada vez mais parecido com uma tempestade. Ou seria melhor dizer, muitas embarcações à deriva, desiguais, em uma mesma tempestade, como afirmou o sociólogo Emir Sader. Conhecer o tempo em que vivemos, e outros tempos que o explicam, função primordial da História, talvez não ajude a deter a ventania, mas a redistribuir os barcos, a reorientar as velas e a aprumar os lemes para evitar que se rume, como sonâmbulos, na direção da tempestade.

Resta saber o que queremos e o que podemos fazer, em que pesem os conflitos e as desigualdades, como sociedade nacional e comunidade internacional, o que só é possível se houver livre debate, informação qualificada, empoderamento dos cidadãos. Em resumo, democracia.

GRÁFICA PAYM
Tel. [11] 4392-3344
paym@graficapaym.com.br